ACLAMACIÓN

PARA "SETENTA VECES SIE

Dick Staub, anfitrión, El programa de Dick Staub, WYLL/Chicago
Un libro excelente sobre un tema con que lucha casi todo el mundo. Estas francas y conmovedoras historias, muchas de ellas basadas en las experiencias personales del autor y sus padres, modelan el perdón de una manera profunda…y contienen lecciones para generaciones del futuro.

Philip Yancey, autor de *The Jesus I Never Knew* (El Jesús que nunca conocí)
¡Qué gran tesoro de historias nos ha brindado Arnold! Como concepto, el perdón desafía nuestros instintos de justicia y equidad. Los mandamientos de Jesús, que perdonemos unos a otros, parecen idealistas y poco prácticos hasta que uno lee estas historias y se da cuenta del poder sobrenatural del perdón, un poder que está al alcance de todos nosotros.

Madeleine L'Engle, autora de *A Wrinkle in Time* (Una arruga en el tiempo)
Hermoso…Arnold ilumina su teología con muchos ejemplos, incluyendo casos donde la herida es profunda y no es fácil perdonar. Él entiende que el verdadero perdón, en vez de ser un mero acto de voluntad, es obra de la gracia de Dios, la cual tenemos que estar dispuestos a recibir.

En estas historias conmovedoras nos vemos reflejados a nosotros mismos, y esto nos ayuda a perdonar. Es un libro que el mundo entero necesita.

Benedict J. Groeschel, C.F.R., Arquidiócesis de Nueva York
Con su acostumbrada mezcla de fe bíblica e historias personales, Arnold nos invita a explorar y resolver las heridas y la amargura que todos sufrimos en el curso de la vida. Este libro es de lo mejor en lectura espiritual.

Judson M. Procyk, Arzobispo metropolitano de Pittsburgh
Ejemplos refrescantes, dramáticos y enternecedores que demuestran el poder del perdón…Arnold desarrolla y refuerza, de una manera hermosa, el entendimiento de que, cuando una persona perdona de todo corazón, siguen la reconciliación verdadera y la sanación.

Arun Gandhi, Instituto M.K. Gandhi
En nuestra prisa por condenar, hemos perdido el arte de perdonar. *Setenta veces siete* nos lleva a las profundidades de la espiritualidad y nos enseña cuán divino es perdonar.

Dr. Paul Brand, autor de *Pain: The Gift Nobody Wants* (El dolor: Un regalo que nadie quiere)
Este es el libro que yo escogería para dárselo a amigos que con toda razón están enojados con alguien que les hizo daño...Es una afirmación poderosa de la posición central del perdón en la fe, y de su importancia general en la psicología humana.

George W. Kosicki, C.S.B., *Divine Mercy International* (Misericordia Divina Internacional)
Hermosa ilustración de la verdad del Sermón del Monte y del Padrenuestro. En el matrimonio así como en una comunidad, la condición para recibir el don de la misericordia de Dios es ser misericordioso y perdonarse unos a otros.

Lloyd John Ogilvie, Capellán del Senado de los Estados Unidos
Relatos profundos y conmovedores que ilustran el poder del perdón...este libro me ha enriquecido.

SETENTA VECES SIETE

SETENTA VECES SIETE

RECONCILIACIÓN EN NUESTRA SOCIEDAD

POR JOHANN CHRISTOPH ARNOLD

TRADUCIDO POR JUAN SEGARRA PALMER Y LUZ BERRÍOS

EDITORIAL: THE PLOUGH PUBLISHING HOUSE

TÍTULO DEL ORIGINAL: *Seventy Times Seven:*
The Power of Forgiveness
Traducido del inglés por Juan Segarra Palmer
y Luz Berríos

06 05 04 03 02 01 00   10 9 8 7 6 5 4 3 2

COVER PHOTOGRAPH: Issaque Fujita / Photonica

A catalog record for this book is available
from the British Library.

LIBRARY OF CONGRESS CATALOGING-IN-PUBLICATION DATA

Arnold, Johann Christoph, 1940–
    [Seventy times seven.   Spanish]
    Setenta veces siete : reconciliacion en nuestra sociedad / por
Johann Christoph Arnold ; traducido por Juan Segarra Palmer y
Luz Berrios.
        p.   cm.
        ISBN 0-87486-977-3 (pbk.)
        1. Forgiveness--Religious aspects--Bruderhof Communities.
I. Title.
        BV4647.F55   A7618   1999
        234′ .5--dc21   99-31563
                                                                          CIP

PRINTED IN USA

A MI ESPOSA, VERENA,
sin cuyo afectuoso apoyo
no podría haber escrito ninguno de mis libros.

AGRADECIMIENTOS

HARIA FALTA MÁS de una página para nombrar a cada uno de los que contribuyeron a la publicación de este libro. Muchos colaboraron en él, desde los que pasaron a la computadora el primer borrador hasta los que hicieron la composición final y diseñaron la portada. Les doy las gracias a cada una de ellos.

La presente versión castellana no existiría si no fuera por el trabajo inestimable de nuestros apreciados amigos, Juan Segarra Palmer y su esposa Luz Berríos. A ellos doy mis sinceras gracias; asimismo a Piri Thomas y su esposa Suzanne Dod Thomas, cuya Introducción da realce a esta pequeña obra; y al Dr. Manuel Soto Viera por su valioso aporte en lo que atañe a gramática y sintaxis del idioma español.

Muchos me dieron valiosos consejos mientras trabajaba en el manuscrito. Quisiera especialmente dar las gracias a Sor Ann LaForest, cuyas críticas sagaces han ayudado a dar forma a todos mis libros; al P. Benedict Groeschel, cuyo entusiasmo y amistad me han alentado a seguir escribiendo.

Además debo agradecer a todas aquellas personas que me permitieron usar sus relatos personales, con los cuales este libro ha adquirido una irresistible dimensión personal. En algunos casos se usaron nombres ficticios para proteger la identidad de los contribuyentes.

INDICE

PRÓLOGO

SEGÚN UN MARAVILLOSO aforismo atribuido a Anatole France, "la casualidad es un seudónimo que Dios usa cuando opta por no firmar su nombre". Una cadena de casualidades me presentó la magnífica e inmerecida oportunidad de colaborar en la traducción de este libro y de estrechar los lazos de fe, esperanza y amor que me vinculan a la comunidad del Bruderhof. Ahora, otra casualidad te ha llevado a ti, querid@ lector@, a leer este libro. Confío en que será una gran bendición para ti, como lo ha sido para mí.

El Evangelio es inequívoco y tajante en su exigencia de que perdonemos. No hay necesidad de abundar aquí sobre el Padrenuestro, el Sermón del Monte y el ejemplo que nos dio Jesucristo en la cruz del Calvario. En este libro encontrarás ejemplos del perdón en casi todos los aspectos de la vida, desde los más ordinarios hasta los más extraordinarios. Ante los primeros, necesito recordar que, comparado con aquellos ejemplos, y con el sufrimiento que yo he ocasionado en el transcurso de mi vida a mis padres, a mis hermanos, a mi esposa e hijos, a amigos, compañeros y enemigos, es muy poco lo que yo he tenido que perdo-. nar. Pero aun así, mi ego siempre ha pataleado, refunfuñando y protestando, buscando mil excusas y justificaciones, prefiriendo condenar a otros y tener razón, a entrar al reino de Dios y gozar de paz, alegría, libertad y amor. Gracias a Dios, quien en su infinito amor y misericordia me perdonó, alcanzó, y es quien obra en nosotros "tanto para el querer como el hacer, por su buena voluntad" (Fil. 2.13), he llegado a reconocer que, la mayor parte de las veces, la tal ofensa existe sólo en la mente de un ego, valga la redundancia, egoísta, orgulloso y vanidoso para quien la supuesta ofensa es en realidad un don, una oportunidad para abrir los ojos y madurar, aprender humildad y adquirir paciencia. Cuando no ha sido así, he descubierto, para mi sorpresa, que al perdonar el más beneficiado he sido yo. El resto de las veces, es un reto a responder a las circunstancias de la vida en el espíritu que refleja este fragmento tomado de una carta escrita por don Pedro Albizu Campos desde la cárcel de La Princesa en Semana Santa de 1951:

…Hágase en mí exclusivamente tu voluntad y ninguna otra. Dame la humildad y la mansedumbre de nuestro Señor Jesucristo; su amor, su perdón y su caridad para los que lo sacrificaron…Que esos son nuestros sentimientos para los que [nos] hayan hecho mal, para los que intentan hacernos mal, para los que lograren hacernos mal. Líbranos del odio, de la sed de venganza, del rencor contra ellos. Rogamos que sea con todos y cada uno de ellos el Espíritu Santo y que sean purificados, santificados y ungidos por su divina gracia. Que se haga en ellos exclusivamente tu santa y divina voluntad y ninguna otra; que sea de ellos también tu paz, tu alegría, tu felicidad y tu gloria. Que en esos sentimientos de amor, perdón y caridad de nuestro Señor Jesucristo se reconcilien con nosotros, y que en esos mismos sentimientos nos reconciliemos nosotros con ellos para bien de la patria y de la humanidad…

Es un reto a confiar en que "lo insensato de Dios es más sabio que los hombres, y lo débil de Dios es más fuerte que los hombres" (1. Cor. 1.25), y "lo que es imposible para los hombres es posible para Dios" (S. Lucas 18.27).

Aunque el libro contiene una gran variedad de ejemplos, a mi parecer hay dos hilos comunes a todos ellos: Es la gracia de Dios la que nos da el poder de pedir perdón y de perdonar; y, al igual que la vida, no es un acto momentáneo ni aislado, sino un proceso continuo de renovación.

Aprovecha esta casualidad, querid@ lector@, para leer este libro en espíritu de oración, pues la oración y el perdón, en la magistral metáfora de Santa Teresa de Jesús, son la puerta a las moradas del castillo interior del alma que constituyen el reino de Dios. "He aquí, yo estoy a la puerta y llamo; si alguno oye mi voz y abre la puerta, entraré a él, y cenaré con él y él conmigo" (Apoc. 3.20).

Juan Segarra Palmer
Abril de 1999

INTRODUCCIÓN

CUANDO ME PIDIERON que escribiera la introducción al libro "Setenta veces siete", cuyo tema es la potencia del perdón, pensé acerca del tema, permitiendo que la mente se me volviera a los años 40 y 50, a los "guetos" de Nueva York, donde la violencia era y sigue siendo parte de la vida. Son tantas las veces que he oído a alguien decir: "OK, OK, te perdono, pero jamás lo olvidaré", o negarse del todo a perdonar.

Yo he sido uno de los innumerables que han hecho esa misma promesa amargada. Recuerdo el trauma doloroso que sufrí cuando murió mi madre, Dolores. Ella tenía 34 años, yo 17. Le tenía rabia a Dios por no haber dejado a mi madre con vida, y me negué a perdonar a Dios por haber sido tan desconsiderado. Al pasar el tiempo, le perdoné a Dios, pero por muchísimo tiempo no pude olvidar, pues todavía ardía en mi corazón un gran dolor.

A los 22 años de edad me envolví en una serie de robos armados con tres otros hombres. Al cometer el último robo armado, hubo un tiroteo con la policía. Fui herido por uno de los agentes, y a mi vez lo herí a él. El policía se recuperó; de lo contrario, yo no estaría escribiendo estas líneas, pues hubiera sido ejecutado en la silla eléctrica del presidio de Sing Sing.

Mientras me recuperaba en el Hospital Bellevue, en el piso de los presos, uno de los tres bandidos, llamado Ángelo, le contó todo al fiscal a cambio de clemencia. Ángelo era como un hermano mío; ambos nos habíamos criado en la misma cuadra de la calle 104. Cuando los policías de la comisaría número 23 lo amenazaron con darle una paliza tal que su propia madre no lo iba a reconocer, Ángelo me delató por mi parte en previos robos cometidos sin armas. Se había quedado callado lo más que pudo, pero al fin se le derramaron las palabras y contó a los policías lo que era y lo que no era.

Cuando me dieron de baja del Hospital Bellevue, me encarcelaron en las Tumbas de Manhattan, en Center Street 100, para esperar mi juicio. Supe que todo lo que Ángelo había confesado me lo echaron encima a mí. Total, para acortar un cuento largo, en el 1950, nueve meses más tarde, me dieron dos sentencias: una de cinco a diez y otra de cinco a quince años, a labor dura, a cumplirse concurrentemente, primero en Sing Sing y después en Comstock (Institución Correccional "Great Meadows").

De vez en cuando, a través de los años, me enfurecía con Ángel y su traición que me había dejado con dos órdenes de detención pendientes por robo armado en el Bronx. De noche en mi celda, fantaseaba acerca de las formas en que iba a matar a Ángelo, o por lo menos apalearlo hasta que me implorara que lo mate. En la calle, habíamos sido como hermanos, y yo lo había querido a él como tal. Pero ahora, en la prisión, le tenía odio; lo único que quería era vengarme por lo que me había hecho. En verdad, a través de los años luché contra esos sentimientos asesinos; hasta solía orar para quitarme esos pensamientos violentos de la mente. A veces me olvidaba de Ángelo por largo tiempo, pero cuando menos lo esperaba, el recuerdo de su traición se me brotaba de nuevo por dentro.

Al fin me soltaron en 1957, para enfrentar las dos órdenes de detención en el Bronx, por las cuales me podrían haber dado una sentencia de 17 a 35 años. Pero gracias a Dios, por mi buen comportamiento y mis estudios en Comstock, me dieron libertad bajo palabra y con orden de presentarme una vez por semana ante dos oficiales diferentes.

De vuelta en la calle, no pude dejar de pensar en lo que pudiera suceder si me encontraba con Ángelo. Nunca fui en busca de él, pues de veras no lo quería encontrar. Yo había empezado a asistir a una pequeña iglesia llamada Rehoboth en la calle 118, utilizándola como un *"half-way house"* (casa de rehabilitación) para mantenerme libre de la atracción que ejercen esas calles bravas. De vez en cuando pensaba en Ángelo y todavía sentía la rabia dentro de mi corazón. Nunca me topé con él y encontré cosas mejores con que ocuparme: Por ejemplo, continué trabajando en el libro que había comenzado a escribir en la prisión; llegué a conocer a una joven llamada Nelín, que asistía a la misma iglesia, y sentí el gozo de enamorarme y de compartir con ella los mismos sentimientos cálidos. La memoria de Ángel se disminuyó y poco a poco se desvaneció.

UN SUAVE ATARDECER DE VERANO, Nelín y yo salimos a caminar por la Avenida Tercera, gozosamente comparando los precios de anillos de compromiso y de boda. Al salir de una joyería, encaminados a otra, oí que alguien con voz suave me llamó de nombre. "Oye, Pete." Supe sin la menor duda que era la voz de Ángelo. Di la vuelta y lo miré. Su cara mostraba surcos hondos de tensión, causada tal vez por las muchas veces que tuvo que mirar atrás sobre su hombro. Sentí el rugido de un rencor viejo subirse como bilis desde mis entrañas, pero lo suprimí y con paciencia esperé para oír lo que Ángelo tenía que decir.

Nelín me jaló del brazo para llamarme la atención, y con los ojos me preguntó si este hombre era Ángelo del que yo le había contado con tanto coraje. En voz baja dijo: "Por favor, Piri, no te olvides de lo que hablamos."

Consentí con la cabeza y me di vuelta para mirar a Ángelo, que dio un trago vacío, no tanto por miedo sino más bien por el esfuerzo de decir algo que desde hace tanto tiempo necesitaba decir. Habló con la misma voz suave con que había llamado mi nombre:

"Pete, he herido a todos los que amo, y eso por cierto te incluye a ti. En el cuartel de policía me empezaron a golpear tanto que no lo pude soportar. ¿Me puedes perdonar por haber choteado, bro?"

Me quedé mirándolo. Me pregunté cómo podía tener el descaro de llamarme "bro", hermano, después de haberme delatado; pero a la vez me alegraba de que me llamara "bro" otra vez.

"Comprenderé si no lo haces, pero me tomó todo este tiempo para encontrar el valor, porque aunque no me perdones, por lo menos tuve que tratar. Así que – por favor – ¿qué me dices, Pete?"

Seguí mirándolo, y sólo le respondí cuando Nelín me apretó la mano. Las palabras que me salieron del corazón me quitaron un gran peso del alma, y sentí que mi espíritu empezó a volar libremente.

"Seguro que sí, bro, te perdono. Dicen por ahí que cada persona tiene su límite, y yo soy igual. Así que, ante la verdad de Dios, no sólo te perdono, Ángelo, sino que también todo queda olvidado. Eso te lo juro sobre la tumba de mi madre."

Las lágrimas que se le saltaron a Ángelo eran un eco de las mías.

"Gracias, Pete. Por tantos años me he odiado hasta las entrañas por no haber tenido el valor de no chotear. Si pudiera revivir todo aquello, dejaría que me mataran a palos antes de entregarte. Gracias, bro, por tu perdón y por olvidarlo todo, y te lo digo desde el fondo de mi corazón."

Ángelo extendió la mano, pero empezó a retirarla como si no quisiera abusar de su buena suerte. Rápidamente extendí mi derecha y le di la mano con gran sinceridad. Sentí el apretón que me dio Ángelo. Nos dimos un abrazo breve, y con una sonrisa se despidió diciendo: "Nos veremos por ahí, bro", y se fue caminando. Tuve que pensar en las palabras que Nelín una vez había leído: "El cometer errores es humano, el perdonar es divino".

De veras que es difícil perdonar, pero mi padre, Juan, me decía frecuentemente: "Todo es difícil hasta que lo hayas aprendido, después se te hace fácil." Yo he aprendido mucho. No sólo había perdonado a Ángelo, mi hermano de la calle, pero también había aprendido a perdonarme a mí mismo por haber cargado tanto odio y sed de venganza. Sentí como si la alborada me alumbraba el corazón. Tomé a Nelín de la mano y sonrientes nos encaminamos hasta la próxima joyería. Por fin, el amor que llevaba por dentro estaba libre del peso del odio y del hambre de venganza que casi me había enloquecido.

Jamás volví a ver a Ángelo, pues se mudó a otra ciudad. Fue con pena que varios años después supe que lo habían asesinado por una suma de dinero que le debía a unos prestamistas del hampa.

Siempre estaré contento de haber perdonado a Ángelo y también a mí mismo. He aprendido que por lo que el mundo no me perdonaba, yo mismo podía perdonarme y así librarme de todo sentimiento de culpabilidad. He aprendido que la prisión más cruel es la prisión de la mente y del espíritu. En verdad, hay una gran potencia en perdonar a otros, igual como hay potencia en perdonarse a uno mismo. Por cierto, la sabiduría está en no volver a caer en lo que originalmente nos metió en líos. ¡Punto!

Con amor, un hermano, Piri Thomas, autor de "Por estas calles bravas".

Piri Thomas
Mayo de 1999

1 ¿SE PUEDE PERDONAR A SEMEJANTE HOMBRE?

Porque si amáis a los que os aman, ¿qué recompensa
tendréis? ¿No hacen también lo mismo los publicanos?
Y si saludáis a vuestros hermanos solamente, ¿qué tiene
eso de excepcional? ¿No lo hacen también así los paga-
nos? Vuestra bondad no debe tener límites, así como
no tiene límites la bondad de vuestro Padre que está
en los cielos.

JESÚS DE NAZARET

UNA MAÑANA de septiembre de 1995, estaba tomando mi café y leyendo el periódico. Me horroricé al
ver los titulares relatando el rapto, a plena luz del
día, de una niña de siete años de edad que vivía
en la localidad. Durante los próximos días, seguí la historia de
cerca.

En menos de una semana, hallaron a la niña en un área boscosa
a sólo unos centenares de metros de la cárcel del condado. La
habían violado. Le hicieron padecer sodomía. La mataron a golpes. Peor aún, el hombre que admitió haber cometido el crimen
resultó ser un conocido de la familia; era alguien en quien la niña
confiaba.

La reacción pública no fue sorprendente: Este hombre mere-
cía morir. Bajo el nuevo estatuto de pena capital del Estado, él era
un candidato de primera. Aunque el fiscal había prometido una
pena máxima de veinte años a cambio del cuerpo, se retractó
sólo días después, diciendo que habría hecho un pacto con el
diablo para encontrar a la niña, y que esperaba llegar a ser el

primer fiscal en la historia reciente de Nueva York que condenaría un asesino a la pena de muerte. Algunos residentes entrevistados por la prensa local hasta sugirieron que lo soltaran a la calle para que ellos pudieran "hacerse cargo de él".

Aunque la indignación era comprensible, yo me preguntaba si esto podría darle consuelo a la desconsolada familia de la víctima. Como pastor, estaba seguro de cuál debía ser mi respuesta. Algunos representantes de mi congregación fueron al funeral y enviamos flores a los padres de la niña. Traté de visitar a la familia, sin éxito. Pero sentía un gran peso en mi corazón. Yo sabía que, de algún modo, tenía que visitar al asesino, en ese momento aún un monstruo sin rostro; tenía que confrontarlo personalmente con el horror de su acción y exhortarlo a que se arrepintiera.

Yo sabía que la gente miraría de reojo una visita de esta índole, y que posiblemente me atribuirían motivos totalmente erróneos; pero estaba convencido de que era mi deber. Y así fue que me encontré sentado en la cárcel a solas con el asesino. Las horas que pasé en esa celda me conmovieron profundamente, y dejaron muchas preguntas sin resolver; preguntas que finalmente me llevaron a escribir este libro. ¿Por qué debería yo, o cualquier otra persona, perdonar a este hombre? ¿Qué cambio efectuaría eso? ¿No debería primero mostrar arrepentimiento? Y aún si lo mostraba, ¿tenía yo el derecho de perdonarlo, ya que no era yo a quien le había hecho daño?

Menos de tres meses después de mi visita, el asesino por fin tuvo que enfrentarse con la familia de su víctima. La sala del juzgado estaba repleta, y al entrar se sentía un ambiente de hostilidad. La sentencia – cadena perpetua sin libertad condicional – fue seguida por una declaración del juez: "Espero que el infierno que ahora te espera en la prisión sea sólo un anticipo del infierno que te esperará por toda la eternidad."

Luego se dio ocasión al acusado de decir unas pocas palabras. En voz alta, temblorosa, habló a los padres de la niña, declarándose "verdaderamente arrepentido" por la pena que les había causado, y que oraba todos los días, pidiendo perdón a Dios. Un murmullo de indignación se hizo sentir en el público, y me hice la pregunta más difícil de todas: ¿Se podrá perdonar jamás a semejante hombre?

2 RESENTIMIENTO Y AMARGURA

*El hombre que opta por la venganza debe cavar
dos tumbas.*

PROVERBIO CHINO

*Aunque justicia sea lo que reclamas, considera
que a ninguno de nosotros bastará la justicia
para salvarse. Todos te suplicamos piedad,
y es la súplica misma la que nos enseña
a practicar clemencia.*

WILLIAM SHAKESPEARE "EL MERCADER DE VENECIA",
ACTO IV, ESCENA 1ª

E L PERDÓN es el camino hacia la paz y la felicidad. También es un misterio, y a menos que lo busquemos, permanecerá oculto de nosotros. Este libro no tiene la intención de ser una teología del perdón; es imposible decirle a alguien cómo perdonar, pero sí tengo la esperanza que pueda ilustrar por qué es tan necesario, y que es posible perdonar. Por medio de las historias que siguen, trataré de guiarte, estimad@ lector@, al umbral del perdón. Una vez ahí, sólo tú podrás abrir la puerta.

En realidad, ¿qué significa el perdón? C. S. Lewis dice que no se trata solamente de ecuanimidad humana, sino de excusar hasta lo que no tiene disculpa. Y más aún. Cuando excusamos a alguien, hacemos caso omiso de su error sin exigir pena ninguna. Cuando perdonamos, no solamente perdonamos una falla o un pecado, sino que abrazamos al pecador y buscamos rehabilitarlo y restaurarlo. Puede que no siempre sea aceptado el perdón ofrecido, pero una vez extendida la mano, desaparecen los resentimientos. Puede que siempre vamos a sentir una herida muy honda, pero no usaremos el propio dolor para infligir más dolor a otros.

Cuando revivimos un recuerdo negativo, llevando cuenta de ofensas que se nos han causado, el recuerdo se convierte en rencor. No importa si la causa del rencor es real o imaginada, su veneno nos carcome poco a poco hasta que se derrama y corroe todo lo que nos rodea.

Todos hemos conocido a personas amargadas. Tienen una memoria extraordinaria para los más insignificantes detalles, se consumen en quejarse y se ahogan en resentimientos. Llevan cuenta minuciosa de las ofensas sufridas, y siempre están listos para demostrar a los demás cuánto han sido ofendidos. Por fuera aparentan tranquilos y serenos, pero por dentro revientan de su odio reprimido.

Estas personas constantemente defienden su indignación. Sienten que el hecho de haber sido heridas tan profunda y frecuentemente les exime de la obligación de perdonar. Pero son precisamente estas personas las que más necesitan perdonar. A veces tienen el corazón tan lleno de rencor que ya no hay capacidad para amar.

Hace casi veinte años, mi padre y yo aconsejamos a una persona así. El marido se estaba muriendo, y ella quedaba endurecida e insensible como una piedra. En los ojos del mundo, había vivido una vida intachable. Era ordenada y meticulosa, trabajadora, honrada, capaz y confiable, pero no podía amar. Luego de meses de lucha, la causa de su frialdad quedó aclarada: Era incapaz de perdonar. Ella no podía señalar a un agravio de gran magnitud, pero estaba doblegada bajo el peso colectivo de mil rencores pequeños.

La amargura no es sólo una perspectiva negativa de la vida – es un pecado. El aferrarse a rencores contra otra persona tiene un efecto desastroso para el alma. Abre las puertas al mal y nos deja vulnerables a pensamientos homicidas. Además le quita todo el poder a la oración. Por eso es que Cristo nos ordena a resolver nuestras diferencias con los demás antes de "presentar nuestra ofrenda al altar". Podemos orar el día entero, pero si guardamos rencores la puerta de Dios permanecerá cerrada.

La amargura destruye el alma y es capaz de destruir el cuerpo también. Sabemos que la tensión nerviosa puede causar úlceras o jaquecas, pero no vemos la relación entre la amargura y el insomnio. La investigación médica ha demostrado que hay una conexión entre un enojo no resuelto y los ataques al corazón; parece que las personas que reprimen su resentimiento son más susceptibles que aquellas que pueden desahogarse, que dan rienda suelta a sus emociones.

NO HACE MUCHO me pidieron que ayudara a una mujer joven de quien su tío había abusado sexualmente. Aunque era, sin duda, la víctima inocente de un depravado, su desdicha parecía ser, por lo menos en parte, auto-perpetuada. No quería ni podía juntar la fortaleza interior necesaria para perdonar.

Amordazada durante años por el temor de exponerse, y por el alcoholismo que su atormentador mantenía con regalos diarios de vodka, esta pobre mujer estaba desesperada. Se le había brindado terapia psiquiátrica intensiva y no le faltaban comodidades materiales. Tenía buen empleo y un círculo de amigos que la apoyaban; no se habían escatimado esfuerzos para ayudarle a restablecerse. A pesar de todo, sus emociones oscilaban desde la risa nerviosa hasta el llanto inconsolable. Se llenaba de comida un día, y al otro día ayunaba y se purgaba. Y bebía botella tras botella.

Esta pobre alma era una de las personas más difíciles a que jamás traté de ayudar. Yo estaba extremadamente reacio a cargarla con tan siquiera una onza de culpa; sin embargo, me parecía claro que sólo ella podía iniciar el proceso de sanar. Pero todo consejo parecía inútil. Enfurecida y confundida, se sumió cada vez más profundamente en la desesperación hasta que, finalmente, tuvo que ser hospitalizada porque había tratado de estrangularse.

Las heridas que causa el abuso sexual llevan años en sanar; en muchos casos dejan cicatrices permanentes. Sin embargo, no es inevitable que resulten en una vida atormentada o en el suicidio. Por cada caso como el que acabo de describir, conozco varios otros cuyas víctimas encontraron la libertad y una nueva vida, una vez que pudieron perdonar. Esto no significa resignarse u olvidar lo ocurrido; tampoco depende de poder encontrarse cara a cara con el abusador, cosa que hasta podría ser contraproducente. Pero sí significa que se debe tomar una decisión consciente de dejar de odiar, porque el odio no ayuda nunca. Como un cáncer, el odio se extiende a través del alma hasta destruirla por completo.

ANNE COLEMAN, a quien conocí en una conferencia hace algunos meses, me contó lo que le pasó a su hijo Daniel por ser incapaz de perdonar.

Cuando, en 1985, asesinaron a mi hija Frances yo quedé destrozada. Recibí una llamada telefónica de mi sobrina en Los Angeles, diciéndome: "Frances está muerta. Le pegaron un tiro."

No recuerdo haber gritado, pero grité. Me preparé para salir inmediatamente para California; en el avión pensé que sería capaz de matar. Si hubiera tenido un arma y al asesino a mano, es muy probable que lo habría matado.

Cuando bajé del avión, pensé, ¿cómo iba a recibir a mi hijo Daniel, que estaba por llegar de Hawai? Daniel era un sargento del ejército, adiestrado para matar...

A la mañana siguiente, cuando llegamos a la comisaría, lo único que nos dijeron fue que mi hija estaba muerta y que todo lo demás no era asunto nuestro. Lamentablemente, fue así durante todos los días que nos quedamos en Los Angeles. El coordinador de la sección de delitos violentos me dijo que si dentro de cuatro días no habían detenido a nadie, no debería esperar un arresto: "Tenemos demasiados homicidios en este distrito; les dedicamos cuatro días a cada caso."

Mi hijo Daniel estaba enfurecido. Cuando le enteraron de que la policía no estaba realmente interesada en encontrar al asesino de su hermana, quiso ir a comprar una Uzi y acribillar gente a balazos...

Nadie nos había preparado para lo que vimos cuando fuimos a recoger el automóvil de mi hija. Las balas le habían traspasado la aorta, el corazón y los pulmones; se había ahogado en su propia sangre. Murió el domingo temprano por la mañana. Recogimos el automóvil el martes por la tarde. Apestaba. A Daniel nunca se le quitó ese olor de la mente y tenía una pasión de venganza – que alguien hiciera algo, alguna forma de justicia para su hermana.

Durante los próximos dos años y medio vi a Daniel irse cuesta abajo, y luego me encontré al lado de la tumba de su hermana cuando lo bajaron a él a la suya. Finalmente se había vengado – mediante su propia muerte. Y vi lo que hace el odio: Exige el precio máximo de cuerpo y alma.

3 EL PERDÓN EN LA VIDA DIARIA

Contemplando por última vez
el rostro inánime
de mi padre,
mi madre dijo
sin lágrimas, sin sonrisas,
pero con ternura:
"Buenas noches, Willie Lee,
hasta mañana."
Fue entonces que aprendí
que todas nuestras heridas
son sanadas
por el perdón
que contiene la promesa
de nuestro retorno
final.

ALICE WALKER

UCHA GENTE nunca tendrá que decidir si puede o no puede perdonar a un asesino. Pero todos se enfrentan a diario, quizás muchas veces en un solo día, con la necesidad de perdonar al esposo o esposa, a los hijos, a los compañeros de trabajo. Y esta tarea no es menos importante.

En su poema, "El árbol venenoso", William Blake nos demuestra como el resentimiento más pequeño puede florecer y producir un fruto mortal.

Yo estaba enojado con mi amigo:
expresé mi enojo; mi enojo se acabó.
Yo estaba enojado con mi enemigo:
me quedé callado, y mi enojo creció.

Y lo irrigué con temores,
de noche y en la mañana, con mis lágrimas;
lo puse al sol con sonrisas,
y con suaves, engañosas astucias.

Creció día y noche,
hasta que dio una manzana;
mi enemigo la vio relucir un día,
y supo que era mía.

En mi jardín se metió
cuando la noche el tronco veló:
Contento hallé por la mañana,
estirado bajo el árbol, a mi enemigo.

Las semillas del árbol de Blake son los pequeños rencores de la vida diaria. Si caen en corazón fértil, crecerán, y si se cuidan y nutren, adquirirán vida propia. Puede que al principio sean pequeños, aparentemente insignificantes, apenas perceptibles; no obstante hay que sobreponerse a ellos. Blake nos enseña en los primeros dos versos qué fácil es: Tenemos que hacerle frente a nuestro enojo y arrancarlo de raíz antes de que pueda crecer.

DESDE PEQUEÑO, tuve que aprender a no guardar rencores. En general, mi niñez fue feliz, pero tuve mi cuota de experiencias desagradables. Era un niño enfermizo. Poco después de haber nacido, los médicos informaron a mi madre que yo tenía "hidrocefalia" o "agua en el cerebro", y que nunca iba a caminar. Los médicos se equivocaron, pues caminé a los dos años y medio, pero me quedó el apodo "cabeza de agua". A quienes más les dolió eso fue a mis padres, pero no dejó de afectarme a mí también.

Incluso, me sentía solo. Eramos siete hijos en nuestra familia, pero yo era el único varón. Mi padre estuvo ausente durante tres de los primeros cinco años de mi vida, y yo anhelaba tanto tener amigos.

A la edad de seis años, me tuvieron que operar la pierna para extirpar un tumor grande. Fue la primera de una serie de operaciones similares en los próximos treinta años. En aquella época no había antibióticos, y vivíamos en una región remota del Paraguay. La cirugía duró dos horas, y el peligro de una infección se cernió sobre mí durante días. Después de suturar la herida, me fui caminando desde el hospital hasta mi casa. Nadie me ofreció muletas, y mucho menos una carreta. Todavía puedo ver la cara de asombro que puso mi padre cuando entré cojeando a casa, pero no dijo nada.

Eso era típico de mis padres. Nunca los oímos hablar mal de los demás y tampoco permitían que nosotros lo hiciéramos. Como cualquier padre y madre, luchaban con sus sentimientos cuando tenían la impresión de que un maestro u otro adulto había tratado injustamente a uno de sus hijos, pero insistían en que la única manera de vencer las pequeñas afrentas de la vida era perdonar.

Cuando tenía catorce años, nos mudamos a los Estados Unidos. El cambio de una aldea apartada de Sudamérica a una escuela pública en el Estado de Nueva York fue enorme. Por cierto, el idioma inglés era un obstáculo; además yo era tímido porque me sentía inepto y torpe. No hay niño que no desee ser reconocido por los de su edad; nadie quiere que lo pasen por alto, y yo no era diferente. Estaba desesperado por ser aceptado e hice grandes esfuerzos para complacer a mis nuevos compañeros de clase. Al principio fui rechazado, especialmente por un muchacho que tenía fama de peleón, pero entonces empecé a defenderme. Todos mis amigos eran inmigrantes al igual que yo; nos burlábamos de él despiadadamente, hablando entre nosotros en alemán, que él no entendía. Nuestro antagonismo causó unas cuantas narices ensangrentadas.

En la escuela secundaria traté de entrar al equipo de carrera a campo traviesa. Aunque me empeñé muchísimo y nunca falté a las prácticas, sencillamente no era bastante bueno. Pero el entrenador se dio cuenta de mis esfuerzos, y su amistad hizo maravillas para mi autoestima. Él me animó a que practicara para el equipo de atletismo; y al final, aunque nunca fui un atleta estrella, logré formar parte del equipo.

A los veinte y tantos años tuve que enfrentar mi sentimiento de rechazo. Busqué la amistad de una joven; nuestra relación se profundizó y nos comprometimos. Un día, de repente, ella me dio la espalda, y yo no dudaba de que lo hizo porque yo era un inadaptado tan torpe. Unos años más tarde me interesé en otra mujer, aunque esta vez me mantuve reservado. Por segunda vez mis esperanzas fueron defraudadas; a los pocos meses ella también dio por terminada nuestra relación. Se me derrumbó el mundo, y traté de encontrar el sentido de lo que me había pasado. ¿Qué había hecho mal?

Me llevó mucho tiempo sobreponerme a ese dolor y renovar mi confianza en mí mismo. Pero mi padre me aseguró que a su debido tiempo encontraría la persona que Dios había previsto para mí. Así fue que unos años más tarde encontré a Verena, mi esposa.

ES MENOS DIFÍCIL perdonar a un desconocido que a una persona conocida que goza de nuestra confianza. Por eso es tan difícil sobrellevar el desengaño cuando hemos sido traicionados por compañeros o amigos íntimos que conocen nuestros pensamientos más profundos, nuestras idiosincrasias y flaquezas humanas; cuando se tornan contra nosotros, nos dejan atolondrados.

Paul Chávez, hijo de César Chávez, el respetado fundador y presidente de la Unión de Campesinos y del *National Farm Workers Service Center (N.F.W.S.C.)* describe una vivencia dolorosa de esta índole. César Chávez falleció repentinamente en el año 1993, a la edad de sesenta y seis años, y su hijo Paul continúa su labor como presidente del *N.F.W.S.C.*

Es un hecho bien sabido que los trabajadores agrícolas y en particular los trabajadores itinerantes en nuestro país han tenido que luchar por sus derechos básicos, particularmente en cuanto a sueldos, horas de trabajo, asistencia médica y demás compensaciones básicas a que todo trabajador tiene derecho. De ahí nació el movimiento que se organizó bajo la dirección de César Chávez y se legalizó en el Estado de California a mediados de los años '70, con el apoyo del entonces gobernador Jerry Brown. Sin embargo, a los pocos años surgieron conflictos personales que pronto alcanzaron dimensiones políticas y crearon un ambiente de animosidad entre los dirigentes del movimiento. Paul Chávez recuerda aquel tiempo:

> Había algunos que opinaban que la orientación del movimiento estaba equivocada y hubo peleas sobre cuestiones fundamentales, como ser el empleo de voluntarios dentro de la organización. Hasta ese momento, mi padre había insistido en que el movimiento fuera dirigido por gente dedicada a la causa, gente tan dedicada que solían dar todo su tiempo por techo y comida no más. Algunos opinaron que era un arreglo poco práctico. Por un lado, nadie dudaba del entusiasmo ni de la dedicación de los voluntarios. Por el otro, no cabe duda de que muchos voluntarios se volvían muy competentes, y lo perdimos todo cuando se iban.

Esta controversia tuvo repercusiones en la dirección y la política del movimiento. Mi padre seguía convencido de que el movimiento debía ser llevado por voluntarios dedicados a la causa del trabajador, y que debía crecer para abarcar las demandas no sólo de los que trabajaban en los viñedos sino de los obreros agrícolas en general. Otros temían que nos extendíamos demasiado y que convendría más concentrar nuestros esfuerzos en las cuestiones básicas del sindicalismo.

Entonces estalló una verdadera trifulca, y bien recuerdo el día en que veinte de nuestros abogados, casi toda la oficina jurídica, renunciaron de un día para otro. Los miembros de la junta directiva se pelearon. Empezaron a decir aquellas cosas que desgraciadamente se dicen en tales oportunidades, como ser que a lo mejor mi padre ya no servía para dirigir el movimiento y que, en lugar de adelantar la causa, impedía su progreso.

Joven que yo era, me sentí herido, ofendido por las cosas que decía esa gente. No era porque expresaban opiniones opuestas. En nuestra organización siempre se ha apreciado el debate abierto y animado, pero a mi parecer lo que estaba pasando era pura traición. Después de haberse ido mucha gente, quedó un ambiente de mala sangre que duró años…

En 1988 mi padre sostuvo una huelga de hambre – la última – que duró treinta y dos días. A los quince días, una persona que hasta ese momento había sido furiosa con mi padre, venía todos los fines de semana para la misa y para pasear por la propiedad donde mi padre estaba ayunando. Recuerdo que mi primera reacción fue: ¿Qué se creen esos hipócritas? hasta que me di cuenta de que esa gente demostraba más coraje que yo. Dejaban de un lado las querellas políticas para mostrar su humanidad, y con su ejemplo me enseñaron una lección importante. Hicimos el esfuerzo de ir a saludarlos y darles la bienvenida.

Es durante períodos difíciles como éste que uno se siente agotado emocionalmente, pero es precisamente en esos momentos que se nota un cambio en la actitud de la gente. Ver a un hombre sano y apasionado consumirse hasta quedar reducido a casi nada es agotador para las emociones de uno.

Hubo otro desborde de sentimiento público cuando mi padre falleció. Vinieron cincuenta mil personas al entierro, gente que no habíamos visto desde hace años, incluso personas que estuvieron muy amargadas. Hubo momentos difíciles para todos nosotros. Entre los miles que vinieron para la misa de réquiem hubo un señor que formaba parte de los miembros originales de la Unión de Campesinos y fue uno de los líderes del movimiento en aquellos días. Luego estuvo muy activo en la oposición contra mi padre, y hasta usaba la televisión para acusarlo de horrendos delitos. Fue muy desagradable cada vez que mencionó a mi padre.

Ahora bien, toda la familia estábamos sentados en la primera fila, cuando vi a este señor adelantarse con la intención de presentar sus condolencias a mi madre y a mis hermanos y hermanas. Había guardas de seguridad, y algunos lo reconocieron y recordaron sus comentarios. Cuando se acercó, lo pararon y no querían dejarlo pasar, pero no había forma de disuadirlo. Recuerdo levantarme durante la misa y decir a uno de los guardas: "Déjenlo pasar", y el señor vino y presentó sus respetos a mi madre y a mis hermanos y hermanas.

Hubiera sido fácil pretender que no lo veía entre la muchedumbre. Pero tenía que hacer lo que hice, porque mi padre nos había enseñado que siempre iba a haber conflictos, siempre habría lucha, y que nunca debemos olvidar que el único ideal digno de nuestra lealtad es el de nuestra humanidad; y ser humanos significa ser capaces de perdonar. Así fue que decidí dejarlo pasar a aquel señor, porque había venido a presentar sus respetos.

Pensando en aquellos días, creo que fui inspirado por una oración que mi padre escribió, "Oración del campesino en la lucha", que dice al final: "Ayúdanos a amar aún a los que nos odian; así podremos cambiar el mundo."

Enséñame el sufrimiento de los más desafortunados;
así conoceré el dolor de mi pueblo.
Líbrame a orar por los demás, porque estás presente
en cada persona.
Ayúdame a tomar responsabilidad de mi propia vida;
sólo así seré libre al fin.
Concédeme valentía para servir al prójimo; porque en
la entrega hay vida verdadera.
Concédeme honradez y paciencia, para que yo pueda
trabajar junto con otros trabajadores.
Alúmbranos con el canto y la celebración, para
que levanten el Espíritu entre nosotros.
Que el Espíritu florezca y crezca, para que no nos
cansemos en la lucha.
Nos acordamos de los que han caído por la justicia,
porque a nosotros han entregado la vida.
Ayúdanos a amar aún a los que nos odian; así
podremos cambiar el mundo. Amén.

CÉSAR CHÁVEZ

DESGRACIADAMENTE, la traición por parte de amigos o colegas es común en muchos círculos de supuestos cristianos. Mi padre era pastor en el Bruderhof, y la gente lo conocía y lo respetaba por su don de consolar y aconsejar. Dondequiera que iba, la gente hacía cola para hablar con él. Muchos querían confesarse, otros necesitaban un consejo pastoral o simplemente alguien que les escuchara atentamente. Aún así, sea cual fuere la razón, había los que lo envidiaban y hasta lo odiaban, mientras que otros lo adulaban.

Papá había sufrido de un desorden de los riñones cuando yo nací, y ese problema empeoró en el curso de mi niñez y adolescencia. La vida en el Paraguay era dura; proliferaban las enfermedades, y la lucha por la existencia se hacía más difícil aún por ciertas tensiones internas en la comunidad. Como nunca antes, le pesaba a papá su responsabilidad pastoral. En un momento dado, después de varias semanas de continuo deterioro físico, los médicos le dijeron que no le quedaban más de cuarenta horas de vida. Temiendo lo peor, convocó a todos los miembros de la comunidad a su cabecera, donde los exhortó a orar y permanecer firmes en la fe. Al mismo tiempo entregó sus deberes pastorales y el liderato a tres otros miembros, entre ellos su cuñado.

Milagrosamente, papá se repuso, pero grande fue su sorpresa cuando los líderes de la comunidad le dijeron que sus días como ministro habían terminado, que el doctor lo había declarado demasiado débil para poder continuar con una tarea tan exigente. La razón principal, según ellos, era su "inestabilidad emocional", que surgió cuando en lo peor de la enfermedad tuvo alucinaciones y sueños raros. Papá asintió y comenzó a trabajar en la pequeña escuela misionera y en el hospital.

Aunque en aquel entonces mis padres no se dieron cuenta, este giro de los acontecimientos no fue accidental. Fue planeado (y las palabras del doctor fueron tergiversadas) en un esfuerzo de excluirlo del ejercicio de su vocación. De hecho, el doctor solamente había sugerido unas semanas de descanso. Fue treinta años más tarde que otro médico descubrió y nos explicó la verdadera razón de sus alucinaciones. Fue el efecto secundario de las primitivas medicinas de bromuro, algo que podría haberse previsto. Sin embargo, nosotros, sus hijos, nunca sentimos amargura alguna de su parte.

Con todo, no tardó mucho hasta que surgieran nuevos problemas en nuestra comunidad. Mis padres, preocupados por una actitud legalista que se estaba extendiendo entre los miembros, sentían que poco a poco Jesucristo y su amor fueron reemplazados por normas y reglamentos humanos. Se juntaron con un puñado de miembros para tratar de alzar su voz de oposición, pero sus motivos fueron mal interpretados. Acusados de "dirigir una facción", varios de ellos fueron despedidos, incluso papá. Era muy difícil encontrar trabajo, aunque papá había estudiado horticultura en Zurich y era un jardinero diestro. Para los colonos alemanes del Paraguay, que tendían a simpatizar con los nazis, papá era sospechoso; y los expatriados ingleses y americanos le tenían miedo sencillamente por ser alemán.

Finalmente, consiguió trabajo como administrador de granja en una colonia de leprosos. Era un trabajo sumamente arriesgado. Al principio de los 1940 no había cura para la lepra, y se le previno del peligro de contagio. Más de un doctor le dijo que corría el riesgo de tal vez nunca volver a ver a su esposa e hijos. Es difícil describir la angustia que él sufrió.

Nunca podré olvidar la emoción que sentí cuando papá regresó de la colonia de leprosos. Sentado sobre sus hombros mientras él caminaba hacia la casa, yo llamé en voz alta para que todos me oyeran: "¡Papá volvió! ¡Papá volvió a casa!" Pero la mayoría de los que encontramos en el camino nos miraron con indiferencia.

Pasaron años antes de que yo me enterara de la verdadera razón por la cual papá fue expulsado. Él había sentido que los líderes de nuestra comunidad eran demasiado autoritarios, represivos y rígidos; y cuando papá les pidió que fueran más compasivos y tolerantes, lo acusaron de ser "demasiado emotivo".

A pesar de todo, papá no se amargó. En más de una ocasión dijo que el sufrimiento de Jesucristo fue inútil si nosotros no estamos dispuestos a sufrir con él. También solía decir que es mucho mejor confiar en los demás y arriesgarse a ser traicionado, que vivir lleno de miedo y desconfianza.

Yo tenía ya veinte y pico de años cuando primero oí estas historias de la boca de los viejos amigos de mi papá. Me horroricé.

¿Cómo reaccionaría yo hoy, si mis colegas ministros me echasen a un lado sin explicación alguna?

Lo supe en el año 1980. De repente, mi comunidad me pidió que renunciara a la tarea que me había sido encargada unos diez años atrás, como ayudante de mi padre en su capacidad de anciano de la Iglesia. Hasta el día de hoy no estoy completamente seguro del porqué. Por cierto que había algo de aquella envidia que trae división entre la gente y que cuarenta años antes había perjudicado a mis padres; pero esta vez en gran parte eran mis amigos, colegas y hermanos, los que se tornaron contra mí. Las mismas personas que siempre me habían adulado de repente empezaron a encontrar fallas en todo lo que yo había hecho.

Desconcertado y enojado, estaba tentado de defenderme. Mi padre era el anciano mayor de cuatro congregaciones grandes, y ahora más que nunca necesitaba mi ayuda; poco antes, mi madre había muerto de cáncer. Lo único que yo quería era aclarar las cosas y restablecer mi "legítima" posición.

Papá, sin embargo, no sólo se rehusó a prestarme su apoyo, sino que me orientó hacia el Sermón del Monte, donde Jesús habla de perdonar a otros por sus ofensas para que nosotros también fuésemos perdonados. Me recordó que al final yo no iba a tener que rendir cuentas por las ofensas que otros cometieron para conmigo, sino por lo que yo les hice a ellos.

De repente me di cuenta de que yo no era tan virtuoso como creía. Comencé a ver que guardaba rencores hacia ciertos miembros de mi comunidad, y que en vez de tratar de justificarme a mí mismo, necesitaba ponerme de rodillas y pedir perdón a Dios. Recién entonces encontraría la fuerza para perdonar. Tan pronto hice esto, mi lucha cobró un significado completamente diferente. Me sentí como si en lo más profundo de mi corazón se hubiese roto una represa. Antes sentí el dolor del orgullo herido; ahora podía preguntarme a mí mismo: ¿Qué importancia tenía todo esto ante los ojos de Dios?

Con una nueva determinación de arreglar las cosas y de aceptar culpabilidad por cualquier tensión que existiera, fui con mi esposa a pedirles perdón a aquellas personas a quienes creíamos haber herido en el pasado. Yendo de uno a otro, sentimos que era Dios quien estaba obrando, y nuestros corazones se tornaron cada vez más aliviados.

Había sido un año muy doloroso para mí como para mi esposa, pero también fue un año importante. Nos preparó para las responsabilidades que ahora desempeñamos, dándonos un mayor sentido de compasión hacia otros. Y nos enseñó algunas lecciones que nunca olvidaremos. En primer lugar, no importa si la gente no te comprende o te acusa injustamente; en última instancia lo que importa es que tu corazón esté bien con Dios. Segundo, aunque la decisión de perdonar siempre tiene que venir de adentro, no puedes cambiarte tú mismo por tu propia fuerza. Poder perdonar no depende de ti; tiene que venir de Dios. Él puede obrar únicamente cuando reconoces tu propia incapacidad y te vuelves hacia él, en la oración, con confianza y en humildad.

JAMES Y CAROLYN, miembros de nuestra comunidad desde hace más de veinte años, también atravesaron momentos difíciles en aquella época; y descubrieron, al igual que mi esposa y yo, que únicamente el perdón lleva a la reconciliación. Carolyn escribe:

> En 1980 nosotros ya llevábamos cinco años viviendo en el Bruderhof. Estábamos convencidos de que Dios nos había llamado, y anhelábamos mucho ser miembros plenos. Pero era una época de caos e inseguridad, y cuando no entendíamos lo que pasaba, nos disgustábamos fácilmente, de modo que terminamos por aislarnos nosotros mismos.

Finalmente, decidimos pedir una licencia para ausentarnos de la comunidad por unas semanas y tratar de resolver las cosas por cuenta nuestra, para hacer las paces con los hermanos y hermanas. Desgraciadamente, nuestra petición se interpretó mal y terminamos yéndonos de la comunidad como si fuera para siempre. Nunca me olvidaré del momento de nuestra partida. Algunos amigos vinieron a despedirse de nosotros, pero lo único que yo sentía por dentro era un gran vacío.

¿Cómo pudo suceder esto? Sólo unas semanas antes, estábamos seguros de que pronto seríamos miembros permanentes del Bruderhof, y ahora todos nuestros sueños se estaban desmoronando. Habíamos sacrificado todo por unirnos a esta forma de vida. Cuando llegamos, éramos recién casados, con regalos de boda aún sin abrir, y habíamos entregado nuestro coche y todo lo que poseíamos a la comunidad.

El Bruderhof atendió a todas nuestras necesidades materiales. Pusieron a nuestra disposición un camión lleno de muebles y hasta un chofer que nos llevó a nuestra nueva casa en Baltimore, pero aun así luchamos con sentimientos de abandono y rechazo. Nos sentimos como unos fracasados. Tratamos de reprimir todos los recuerdos, incluso los momentos felices, y nos lanzamos de lleno a una nueva vida.

Nos llevó ocho años recuperarnos económicamente, con la ayuda de familiares y amigos. A esa altura de las cosas habíamos aceptado nuestra suerte. Ambos teníamos empleos seguros, los niños estaban matriculados en buenas escuelas y tenían muchos amigos, y nos faltaban pocos años para pagar la hipoteca. Pero por dentro estábamos vacíos y aislados; nos hacía falta algo más. Al principio hablamos de regresar al Bruderhof, pero con el pasar de los años abandonamos esa idea por completo. Y, aun sin saberlo, construimos una gran muralla de amargura en nuestros corazones.

Una buena mañana, diez años después de habernos ido del Bruderhof, el teléfono sonó en el momento en que los niños estaban subiendo al autobús escolar. Una pareja del Bruderhof estaba en la vecindad y querían visitarnos. Al principio tuvimos reparos, pero ocurrió lo inevitable – los invitamos a cenar. Fuimos amables pero algo reacios a comprometernos. Aunque no habíamos clarificado todos nuestros sentimientos, sabíamos que habíamos sido profundamente heridos. La pareja se fue y no vimos a nadie del Bruderhof hasta varios meses más tarde, cuando hicimos una visita "sólo por un fin de semana".

Volvimos por un segundo fin de semana, y nos invitaron a una reunión especial de los miembros para explicar nuestra posición y aclarar las cosas, con el fin de volver a ser amigos por lo menos. La reunión comenzó lo más bien, pero cuando había terminado, nos dimos cuenta de que el pastor en quien más habíamos confiado era el que menos nos había comprendido, cosa que no sólo nos sorprendió sino que nos dolió mucho. Después de esa reunión todavía estábamos dispuestos a ser amigos de la comunidad, pero nada más.

Hay que imaginarse nuestra sorpresa cuando, a la mañana siguiente, ese mismo pastor y su esposa manejaron dos horas para venir a pedirnos perdón. Al principio no quisimos ni verlos; teníamos demasiado miedo de nuestra propia reacción. Finalmente, de mala gana, accedimos a hablar con ellos. Para asombro nuestro, nos recibieron con los brazos abiertos y los ojos llenos de lágrimas. Nos dijeron que ellos lo sentían mucho y nos extendieron las manos en señal de paz. ¡Qué momento! Después de todo lo que nos habían hecho, después de diez años de pesadillas, después de todo lo que habíamos pasado, ¿cómo íbamos a empezar de nuevo? Aquí estaban ellos, diez años más viejos, pero aparte de eso como siempre, y no se defendían para nada.

Nosotros quisimos contenernos, pero no pudimos. Nuestras manos estrecharon las de ellos y los perdonamos...

A los pocos meses James y Carolyn estaban de vuelta en el Bruderhof, y no tardaron mucho en darse cuenta de que ellos tampoco estaban exentos de culpa:

Tuvimos que reconocer que cada historia tiene dos lados, que habíamos sido testarudos, y que por nuestra parte era orgullo lo que había impedido la reconciliación.

Muy pocas disputas tienen un solo lado. Pero en nuestro orgullo vemos únicamente los pecados de los demás y cerramos los ojos ante las faltas propias. A menos que seamos capaces de humillarnos, no podremos nunca perdonar ni ser perdonados. Esta humillación es dolorosa, pero forma parte inevitable de la vida. El perdón nos permite ir más allá del dolor, sin negar su realidad, para alcanzar la alegría que nace del amor. M. Scott Peck escribe:

> No hay manera en que podamos gozar de una vida plena a menos que estemos dispuestos una y otra vez a sufrir, a soportar la depresión y la desesperación, el miedo y la ansiedad, la angustia y la tristeza, el enojo y la agonía de perdonar, la confusión y la duda, la crítica y el rechazo. Una vida carente de estas agitaciones emocionales será inútil, no solamente para nosotros mismos, sino también para los demás. No podemos sanar si tratamos de evitar el sufrimiento

La verdadera comunidad, ya sea con el cónyuge o en la familia, con los hermanos y hermanas espirituales, o con los compañeros y amigos, exige que revelemos nuestras almas los unos a los otros. C.S. Lewis va más allá y dice que "amar significa ser vulnerable. Fuera del cielo, no hay lugar donde se está completamente a salvo de los peligros y perturbaciones que trae consigo el amor, a no ser en el infierno."

La historia de James y Carolyn demuestra claramente que el perdón puede volver a unir a la gente. Los momentos difíciles, si uno se sobrepone a ellos, pueden llevar a un amor mayor aún. Pueden fortalecer, en vez de debilitar, los lazos de unidad.

YA HEMOS VISTO adonde nos lleva el cultivar pequeñas rencillas. Ese cultivo casi siempre toma la forma del chisme. Nos quejamos de nuestras heridas para que nos tengan lástima, echando leña al fuego y difundiendo nuestros rencores aún más.

Si echamos un vistazo a la sociedad de hoy, a nuestros hogares y escuelas, a los hospitales y a las iglesias, a las oficinas y a las fábricas, es fácil ver los efectos devastadores del chisme: las horas de trabajo perdidas y la disminución de la productividad, la tensión nerviosa y el agotamiento, hasta el suicidio. ¿Cómo se puede vencer este mal?

Por difícil que sea, la única forma de deshacernos del enojo y liberarnos de los sentimientos reprimidos de una manera honesta es hablar franca y directamente.

Eberhard Arnold, abuelo mío y cofundador del Bruderhof, estaba tan convencido de la importancia de esto que formuló una "regla del amor", instando a cada miembro a que la colocara en su lugar de trabajo. A través de las décadas, nos hemos guiado por esta regla, que se deriva de las palabras de Jesús, y hemos reconocido su importancia una y otra vez:

> No hay otra ley que la del amor (2 S. Juan 5–6). Amar significa tener deleite en los demás. ¿Qué significa entonces sentir enojo para con alguien? El deleite que sentimos en la presencia de nuestros hermanos y hermanas se expresa mediante palabras de amor. Es inadmisible hablar de terceros en un espíritu de irritación o de enojo. Nunca debe difamarse a un hermano o una hermana, ni criticar sus características personales, ya sea abiertamente o por medio de alusiones – bajo ninguna circunstancia en su ausencia. Murmurar en el seno de la familia propia no es excepción. Sin esta regla de silencio no puede haber ni lealtad ni comunidad. La única forma de crítica permitida es el hablar directamente a la persona en cuestión, con absoluta franqueza. He aquí el servicio fraternal que le debemos al hermano o a la hermana cuyas flaque-

zas nos irritan. La palabra franca entre dos personas profundiza la amistad mutua y no causa resentimiento. Sólo en el caso de que los dos no se pongan de acuerdo en seguida, será necesario que pidan la ayuda de una persona en que ambos confían. De este modo hallarán la solución que los une en el sentido más profundo y más elevado. (S. Mateo 18, 15–16)

El teólogo y pastor del siglo diecinueve, Johann Christoph Blumhardt, propone que a veces es mejor pasar por alto la confrontación directa y simplemente perdonar. Esto es vital, especialmente cuando no es posible verificar la causa del resentimiento; si, por ejemplo, se basa en un comentario de segunda mano. De lo contrario, quedaremos disgustados y desconfiados para siempre, esperando una disculpa que nunca vendrá.

Cada uno ha ofendido a otros, o ha sido ofendido por otros, en algún momento de su vida. Pero quedarse estancado pensando en las fallas humanas es negar el poder del amor y del perdón. El espíritu puede actuar en nuestras vidas si le abrimos el corazón. El amor es más fuerte que el odio, la fe es más fuerte que la duda, y la esperanza es más fuerte que la desesperación.

Hace quinientos años que Tomás à Kempis aconsejó a sus compañeros monjes que "más que de la ausencia de adversidad, nuestra paz en esta vida depende de la tolerancia humilde." Esta tolerancia, que consiste en saber perdonar, es el secreto, el bálsamo de una vida verdaderamente feliz. Sin el perdón nunca encontraremos la verdadera comunión con Dios, ni relaciones duraderas unos con otros. Con él, nuestra vida será bendecida más ricamente de lo que jamás podemos imaginar.

4 EL PERDÓN EN EL MATRIMONIO

Hay una dura ley que dice que, cuando hemos sufrido una herida profunda, no podremos reponernos hasta que hayamos sabido perdonar.

ALAN PATON

Cuando me piden mi consejo para un matrimonio que tiene problemas, siempre digo: Ora y perdona. Y al joven proveniente de un hogar donde prevalece la violencia, digo: Ora y perdona. Una y otra vez, incluso a la madre soltera que carece de apoyo familiar: Ora y perdona.

LA MADRE TERESA

EN LOS AÑOS de mi actividad como consejero espiritual, he visto una y otra vez que a menos que marido y mujer se perdonen a diario, el matrimonio puede convertirse en un infierno. También he visto que aún los problemas más peliagudos a menudo se resuelven mediante tres palabras: "Lo siento. ¡Perdóname!"

Puede ser difícil pedirle perdón al cónyuge. Requiere humildad y la admisión de las propias debilidades y fallas. Mas esto es justamente lo que hace que el lazo matrimonial sea sano y fuerte, que los cónyuges vivan en mutua humildad, plenamente conscientes de su dependencia interior uno del otro. Dietrich Bonhoeffer escribe que tenemos que "convivir en el perdón de los pecados," porque sin perdón ninguna comunidad humana, y menos aún el matrimonio, puede sobrevivir: "No insistan en sus derechos, no se culpen uno al otro, no juzguen ni condenen, no busquen fallas, sino acéptense el uno al otro tales como son, y perdónense diariamente el uno al otro de todo corazón."

En treinta años de matrimonio, Verena y yo hemos tenido amplia oportunidad para demostrar si sabemos perdonar. La primera prueba vino a los pocos días de nuestra boda. Mi hermana, que es artista, nos había hecho una vajilla hermosa. Habíamos invitado a mis padres y a mis hermanos para la cena en nuestro nuevo apartamento, y Verena se había pasado la tarde cocinando. Arreglé la mesa con la vajilla de mi hermana, y cuando llegó mi familia nos sentamos a comer. De repente se desplomaron ambos extremos de la mesa; yo no había asegurado bien las bisagras de las extensiones. El piso estaba cubierto de comida y platos rotos, y mi esposa corrió llorando del comedor. Pasaron horas antes de poder reírnos de ese desastre; mientras tanto esta historia se ha convertido en una leyenda familiar.

Cuando teníamos ocho hijos, había razones de sobra para estar en desacuerdo. Todas las tardes Verena bañaba a los niños, les ponía pijamas limpios, y los chicos me esperaban sentados en el sofá con sus libros favoritos. Pero cuando yo llegaba del trabajo, ellos querían jugar en lugar de leer, y a veces terminábamos retozando en el jardín. Verena todavía se acuerda de las horas que tuvo que pasar quitando las manchas de barro e hierba – y no sin quejarse.

La mayoría de nuestros hijos padecía de asma, y cuando eran pequeños nos despertaban noche tras noche, tosiendo y ahogándose. Eso también produjo discordia entre nosotros, especialmente cuando Verena me recordó que yo también podría levantarme de la cama para atenderlos.

Además, hubo discusiones con respecto a mi trabajo. Como vendedor de nuestra casa editora, yo me pasaba muchos días en la carretera, y porque mi territorio cubría el oeste del Estado de

Nueva York con frecuencia me encontraba a seis u ocho horas de distancia de casa. Con el tiempo mis viajes se intensificaron. En mis funciones de asistente de mi padre, viajé a Europa varias veces al año; y más tarde, como anciano hice frecuentes viajes al Canadá, a Europa y hasta el Africa. Casi siempre defendía estos viajes como siendo de "vital importancia", aunque esa explicación no lograba apaciguar a mi esposa, que me empacaba las maletas, se adaptaba a un programa ajetreado y muchas veces se quedaba atrás con los hijos.

Y ahí también estaba el diario, el *New York Times*. Después de un día agotador en la carretera, yo no veía nada de malo en descansar por un rato, leyendo el diario mientras que los niños jugaban contentos alrededor mío, y expresé esa opinión con bastante vehemencia. Mucho más tarde llegué a comprender lo egoísta que había sido.

Me pregunto a menudo cómo habría resultado nuestro matrimonio si no hubiésemos aprendido, desde un principio, a perdonarnos diariamente el uno al otro. Son tantas las parejas que duermen en la misma cama y comparten la misma casa, pero que por dentro están distanciados porque han levantado una muralla de resentimientos entre sí. Los ladrillos de esta pared pueden ser muy pequeños – un aniversario olvidado, un malentendido, una reunión de negocios que tenía prioridad sobre una excursión familiar planeada tiempo atrás. Las mujeres se erizan cuando sus maridos tiran la ropa al piso en vez de echarla en el canasto, y a los maridos no les cae bien que sus esposas les recuerden que ellas también han estado trabajando todo el día.

Muchos matrimonios se salvarían sencillamente con darse cuenta que los seres humanos somos imperfectos. Con demasiada frecuencia se presume que en un "buen" matrimonio no hay discusiones ni desacuerdos. Pero ésta es una expectativa ilusoria, por lo cual al poco tiempo se desilusionan y se separan, alegando motivos de incompatibilidad.

La imperfección humana hace que cometamos errores y nos hiramos uno al otro, muchas veces sin quererlo ni saberlo. La única solución garantizada, infalible, que yo he encontrado en mi vida ha sido el perdonar – hasta setenta veces siete en un día si es necesario – y orar. Sin orar juntos a diario, las innumerables tensiones que forman parte de todo matrimonio siguen fermentando lentamente, sin necesidad alguna. En cambio, una vida de oración activa mantiene a la pareja enfocada en Dios, y así protege su unidad. C. S. Lewis escribe:

> Perdonar las continuas provocaciones de todos los días, seguir perdonando a la suegra mandona, al marido tirano, a la esposa regañona, a la hija egoísta, al hijo mentiroso, ¿cómo podemos lograrlo? Únicamente, creo yo, recordando nuestra propia situación, y tomando en serio la oración diaria: "Perdona nuestras ofensas, así como nosotros perdonamos a los que nos ofenden." Ésta es la única condición bajo la cual se nos ofrece el perdón. Rechazar el perdón es rechazar la misericordia de Dios para con nosotros mismos. No hay excepciones, ni por asomo. Lo que Dios dice, lo dice en serio.

EL PODER DE LA ORACIÓN queda ilustrado maravillosamente por la historia de mis suegros, Hans y Margrit Meier. Hans era un hombre voluntarioso, y su testarudez causó más de un período de separación en su matrimonio. Como era un ardiente antimilitarista, fue encarcelado sólo meses después de su boda en 1929 por haber rehusado integrarse al ejército suizo.

Poco después de salir de la cárcel, volvieron a separarse. Margrit, quien acababa de descubrir el Bruderhof y estaba de visita allí, quería integrarse a la comunidad, pero Hans no quería; pertenecía a los socialistas religiosos y tenía ideas muy diferentes acerca de la vida en comunidad. Margrit hacía poco que había dado a luz a su primer hijo y le rogó a Hans que los acompañase, pero a Hans no se le podía persuadir fácilmente. Pasaron varios meses antes de que Margrit pudiera convencerlo de que viniera.

Después de treinta años y once hijos, Hans y Margrit se volvieron a separar. Para esa fecha, estaban viviendo en Sudamérica; era el año 1961, un tiempo de gran confusión y trastornos internos en el Bruderhof. Como no le era posible reconocer sus propias fallas ni perdonar las de otros, Hans se separó de su esposa y de la comunidad. En el período subsiguiente, la gran mayoría de los miembros emigraron a los Estados Unidos, Margrit y los hijos entre ellos; pero Hans se empecinó y se radicó en Buenos Aires, donde permaneció durante los próximos once años.

No había señales externas de rencor, pero tampoco había señales de reconciliación. Poco a poco, un murallón de amargura se levantó, que amenazaba mantenerlos separados para siempre. En 1966, cuando su hija Verena y yo nos casamos, Hans ni siquiera vino a la boda, y nuestros hijos se criaron sin conocer a su abuelo materno.

En el año 1972 hice un viaje a Buenos Aires con mi cuñado Andreas, esperando poder reconciliarnos con el padre. Pero a Hans no le interesaba. Quería relatar nada más que su versión de lo que había pasado e informarnos una vez más de las muchas veces que se le había ofendido. De repente, el último día, hubo un cambio. Hans nos informó que vendría a visitarnos a los Estados Unidos, pero insistió que vendría por sólo dos semanas y que ya tenía boleto de regreso. No obstante, fue un comienzo.

Cuando finalmente se materializó la visita, nos llevamos un chasco: Hans simplemente no podía perdonar. No escatimamos esfuerzos para aclarar los conflictos del pasado y admitimos nuestra culpa en los sucesos que llevaron a la larga separación, pero no logramos nada. Intelectualmente, Hans sabía que lo único que nos dividía era su incapacidad para perdonar. Aun así, no podía humillarse lo suficiente como para hacerlo.

Casi habíamos perdido toda esperanza, cuando ocurrió algo decisivo. En medio de una reunión de los miembros, mi tío Hans-Hermann, que estaba muriéndose de cáncer pulmonar, reunió todas sus fuerzas, se le acercó a Hans y le puso un dedo en el pecho, diciendo: "Hans, el cambio tiene que realizarse aquí." Estas palabras le costaron un esfuerzo tremendo (mi tío recibía oxígeno por tubos nasales y apenas podía hablar) y Hans quedó completamente desarmado. Su frialdad se derritió, y en ese mismo momento decidió regresar. Hizo un breve viaje a la Argentina para liquidar sus asuntos, y volvió para unirse a Margrit y a la comunidad. Al poco tiempo era el mismo miembro dedicado y enérgico que había sido décadas atrás.

En todos los años de separación, Hans nunca tocó a otra mujer; Margrit oró diariamente por el regreso de su esposo. Aun así, ambos habían sido heridos, y llevó tiempo restaurar la confianza entre los dos. Como yerno de Hans, pude atestiguar que así fue. Vivieron juntos en amor y alegría con sus hijos, nietos y bisnietos hasta que Margrit falleció dieciséis años después. Cuatro años más tarde falleció Hans también.

AUN CUANDO SE HAYA PERDONADO a alguien que realmente nos ha herido, ¿acaso no es humano que uno siga indignado por lo que le han hecho? Es una pregunta difícil; pero quizás el problema consiste no tanto en el perdón mismo, sino más bien en nuestros esfuerzos por mantener un sentido de justicia humana. Hans y Margrit descubrieron que el perdón es mucho más que justicia – el perdón es una gracia. Y para aquellos que no pueden aceptarlo, podría parecer irracional o estúpido.

La historia de mis suegros demuestra que aun las separaciones largas se pueden sanar. ¿Pero puede restaurarse por completo un matrimonio que ha sido dañado por el adulterio o el abuso? Fue por nuestra dureza de corazón que Moisés permitió el divorcio, dice Jesús, pero sus discípulos ya no podían usar esto como una excusa válida. El amor de Jesucristo reconcilia y perdona, mientras que los que se divorcian y vuelven a casarse cierran la puerta a la posibilidad de una futura reconciliación. Aunque las circunstancias dicten una separación transitoria, el amor leal es el único camino hacia la restauración de la unidad matrimonial.

El enorme abuso de confianza que es la infidelidad puede llevar años para sanar. Al principio puede ser necesario que la pareja viva separada, para que cada uno pueda recibir ayuda bajo la orientación de una persona en la cual ambos confían. Ambos deben empeñarse en recuperar la confianza mutua para que el matrimonio se pueda restaurar.

Cuando empecé a escribir este libro, había comenzado a aconsejar a una pareja cuyo matrimonio de nueve años estaba destruido por el adulterio. Ya antes de casarse Enrique tenía problemas con el alcohol; desde el principio su alcoholismo causó serias tensiones en el matrimonio. Aunque seguían viviendo bajo el mismo techo, interiormente se distanciaron cada vez más. Unos años después de casados, Enrique comenzó relaciones ilícitas con una vecina. Durante esa época, Cristina se sentía más y más deprimida, sin saber por qué.

Los dos llegaron al Bruderhof a mediados de los '90, y a los pocos días Enrique confesó su aventura a su esposa. Su conciencia no lo dejaba en paz. Cristina se quedó pasmada. Ella había sentido por mucho tiempo que algo andaba mal, pero jamás se había imaginado semejante engaño. Con toda razón estaba enfurecida y le dijo a Enrique que el matrimonio se había acabado y que nunca le perdonaría.

Era fácil simpatizar con ella, pero desde el principio yo sabía que lo único que nos permite sanar es precisamente esto: perdonar. Les expliqué que aceptar la derrota sólo los alejaría más uno del otro, y negaría a Dios la posibilidad de jamás volver a unirlos. Sin embargo, al mismo tiempo aconsejé una separación inmediata con el apoyo de hermanos pastores que los aconsejarían a ambos. Esta separación es bíblica. Según el evangelio, si una pareja convive mientras uno de los cónyuges vive en adulterio, ello significa perpetuar el pecado (Corintios 6.15–16). Además, la separación sería una ayuda tanto para Cristina como para Enrique, para que puedan esclarecer sus emociones a solas. No era cuestión de buscar un remedio instantáneo; el proceso iba a ser largo y doloroso. Había que construir una relación totalmente nueva, empezando desde cero.

Estuvieron separados varios meses, pero durante ese período ambos progresaron notablemente en su relación mutua. Al principio sólo tuvieron breves conversaciones telefónicas. Más tarde, éstas se hicieron menos tensas y más largas, y de vez en cuando se visitaron. Enrique dejó de beber, y poco a poco la alegría y la libertad que vienen con el arrepentimiento reemplazaron la agonía de meses de introspección y examen de conciencia. Cristina pasó por muchos momentos difíciles, pero anhelaba hacer un nuevo comienzo con su esposo. Sintió un renovado amor por él, y junto con sus hijos (que habían quedado con ella cuando el padre se mudó de la casa) empezó a orar por él todos los días. Lo más importante fue que ella estaba preparada a perdonarlo por completo. Una vez que reconoció que ella misma tenía su parte de culpa por el alejamiento entre ellos, era capaz de humillarse y encontrarse con Enrique a su nivel.

Hoy Enrique y Cristina están juntos otra vez. Fue una ocasión solemne cuando se perdonaron públicamente el uno al otro y renovaron su matrimonio. Con rostros radiantes canjearon anillos nuevos para celebrar su nuevo comienzo.

Enrique y Cristina no eran los primeros que he aconsejado mientras atravesaron por la angustia que causa el adulterio, y tal vez no serán los últimos. Tengo confianza de que otras parejas, al igual que ellos, encontrarán la fortaleza para sobrellevar incluso esta tormenta, siempre y cuando ambos estén dispuestos a buscar la renovación a través del perdón mutuo y del amor.

5 PERDONAR CUANDO NO HAY RECONCILIACIÓN

Negarse a perdonar puede ser infinitamente peor que cometer un crimen, porque éste último podría ser un acto impulsivo en un momento de acaloramiento, mientras que lo primero es una decisión fría y calculada del corazón.

GEORGE MACDONALD

Cuando se ama, uno ve todo lo que es bueno, todo lo que es de Jesucristo en otras personas. Dios ve a su Hijo en nosotros. Por eso nosotros debemos ver sólo a Cristo en los demás, y amarlos. Nunca puede haber suficiente amor. Nunca se puede pensar bastante en el amor. San Juan de la Cruz dijo que donde no hay amor, trae el amor, y obtendrás amor.

DOROTHY DAY

N O TODAS LAS HISTORIAS terminan sin dejar cabos sueltos. ¿Qué del asesino que nunca es capturado, o del cónyuge que se va y no vuelve más? No siempre podemos enfrentar a la persona que necesitamos perdonar, y aun cuando lo hagamos, puede que no se arrepienta.

Ahí está Juanita, amiga nuestra de muchos años. Su novio la abandonó diez días antes de la boda, y nunca lo volvió a ver. Llevaban más de un año de compromiso, y aunque de vez en cuando la relación se había tambaleado, ella estaba segura de que todo iba a salir bien. Estaba profundamente enamorada y muy animada. Acababa de recibirse de enfermera, y su traje de novia estaba casi terminado. De repente, todo se derrumbó.

> Mi prometido me confesó que no había sido honesto conmigo, que había cosas en su pasado que todavía eran un impedimento para nuestro matrimonio. Peor aún, él quería evadir la situación en vez de confrontar su pasado. Yo estaba desolada. Estuve llorando durante días, y me pasé años con el corazón destrozado. Me acusé a mí misma por su deshonestidad, y me llené de amargura.

Treinta años más tarde, Juanita sigue soltera pero ya no está amargada. Si bien no se lo puede decir a él, perdonó a su prometido; y aunque a veces todavía le causa pena el matrimonio que nunca fue, encuentra satisfacción en servir al prójimo, a las personas de edad, a los enfermos, a las mujeres embarazadas y a los niños impedidos. Sólo unos pocos amigos íntimos conocen su pasado. Alegre y llena de energía, está demasiado ocupada como para sentir lástima por sí misma.

> Siendo soltera, puedo hacer cosas que una esposa y madre nunca podría hacer. Puedo dar mis energías cuándo y dónde se me necesite. He atendido y amado a más niños que jamás hubiese podido tener yo misma.

¿Será Juanita una santa? ¿Podrán otras en situaciones similares encontrar el perdón y, a través del perdón, la paz? A primera vista, uno se sentiría tentado a concluir que es poco menos que imposible renunciar al matrimonio si no es por propia voluntad. Pero la felicidad, ¿depende realmente de casarse y tener hijos? Claro está, una familia puede ser fuente de profunda felicidad, pero en la vida matrimonial también hay muchas cosas que pueden causar aflicción. Con frecuencia he visto más dedicación en personas solteras que en hombres y mujeres que están atados a sus familias.

Tal vez la historia de Juanita les dará esperanza a otras personas que han sido desdeñadas por un ser querido. Seguramente servirá de consuelo a aquellos que buscan una vida de responsabilidad y dedicación, es decir, una vida cuyo único objetivo es servir a Jesucristo.

JULIA, UNA MUJER que se integró al Bruderhof con su familia a mediados de los 1980, se fue de nuestra comunidad junto con su marido e hijos después de confrontarlo por haber manoseado a su hija. La pareja tenía la esperanza de que, alejados físicamente de la comunidad, podrían rehacer su relación mutua y unirse como familia; lamentablemente no fue así.

Yo estaba al borde de la desesperación. Mi esposo era un extraño para mí, y no pude seguir viviendo con él ya que nuestra situación se había convertido en un infierno. Estuvimos ya un año entero alejados de la comunidad, en la esperanza de salvar el matrimonio y la familia, pero fue inútil.

Dejé a mi marido y volví al Bruderhof. Estaba enojada, dolida, llena de odio, rechazada, desesperada, enfurecida, humillada; ni aún esta letanía de adjetivos expresa lo que yo sentía. Dentro de mi corazón se libraba una batalla. Yo quería perdonar, pero al mismo tiempo quería vengarme. Y cada vez que pensaba en la nueva esposa (él se había divorciado de mí y se había vuelto a casar), volvían a surgir estas emociones. No ha sido una lucha fácil, y cuando veo los efectos en nuestros cinco hijos, sé que la lucha continúa.

Querer perdonar: Ésa era mi lucha, querer perdonar sinceramente. Yo sabía que ésa tenía que ser mi respuesta. No podía leer la Biblia ni orar sin verme confrontada con ese imperativo. Pero ¿cómo podía perdonar yo si él no estaba arrepentido?, y ¿cuál iba a ser la expresión práctica de mi perdón?

De ninguna manera quería pasar por alto lo que él había hecho, pero decidí que lo más considerado que yo podía hacer era aceptar el divorcio y orar por él, aunque también le hice saber que ya no podía permitir que mis hijos se quedaran con él.

Desde entonces, he descubierto que haber perdonado a mi marido significa que tengo que reafirmar mi perdón una y otra vez. A veces dudo que le haya perdonado, y entonces tengo que luchar con eso también.

En fin, me aferro a la fidelidad de Dios; yo sé que, en última instancia, el mal que mi esposo me ha hecho no puede separarme de Dios. Solamente tengo que preocuparme por el mal que yo hago a otros.

La historia de Julia ilustra una cuestión vital. Aunque su ex esposo nunca se arrepienta, ella lo tiene que perdonar. Si no lo hiciera, su amargura la ataría a él, y él seguiría dominando sus pensamientos y sus emociones. Ella permanecería herida por el resto de su vida por lo que se le hizo a ella y a sus hijos. Al desprenderse de su ira y del odio, se dió cuenta de que la amargura es un desperdicio de energía, y encontró nuevas fuerzas para seguir adelante.

A MARIETTA JAEGER le secuestraron su hija de siete años, raptándola en la carpa donde acampaban durante unas vacaciones de verano. Su primera reacción fue de ira:

Yo estaba hirviendo de odio, consumida por el afán de vengarme. Le dije a mi esposo: "Aunque me traigan a Susie sana y salva ahora mismo, yo podría matar a ese hombre por lo que nos ha hecho sufrir", y lo dije desde lo más profundo de mi ser.

Aunque su reacción era justificable, Marietta dice que pronto se dio cuenta de que toda la ira del mundo no iba a devolverle a su hija. No es que ella estaba dispuesta a perdonar al secuestrador; a su entender eso sería traicionar a su hija. Reñía con Dios, pero al final tuvo que rendirse. En lo más profundo de su ser sintió que sólo así podría sobrellevar el dolor de su pérdida.

Comenzó a orar por el secuestrador, y al pasar las semanas y los meses, su oración se tornaba más fácil y más sincera. Sencillamente tenía que encontrar a la persona que se había llevado a su adorada hija; hasta llegó a sentir un misterioso afán de hablar con él cara a cara.

Y una noche, al minuto exacto de cumplirse el año del secuestro, recibió una llamada telefónica. Era el secuestrador. La voz era altanera y burlona. Marietta tuvo miedo, pero al mismo tiempo le sorprendió que sentía algo como compasión por el hombre al otro extremo de la línea. Y notó que al calmarse ella, él también se calmó. Hablaron por más de una hora.

Afortunadamente, Marietta pudo grabar la conversación. Aun así, pasaron meses antes de que la FBI (Agencia Federal de Investigaciones) finalmente lo rastreó y arrestó, y fue entonces que ella supo que su hija nunca regresaría a su hogar. Los investigadores habían hallado las vértebras de una niña pequeña entre los efectos personales del secuestrador.

La ley estatal ofrecía la pena de muerte, pero Marietta no buscaba venganza. Escribe ella: "A esta altura yo había llegado a comprender que la justicia de Dios no significa castigo, sino restauración…Jesús no vino a herir o castigar, sino a rehabilitar y a reconciliar." Más tarde, ella solicitó que le dieran al asesino una sentencia alternativa de cadena perpetua con terapia psiquiátrica en lugar de la pena capital. El atormentado joven se suicidó al poco tiempo, pero ella nunca se arrepintió de su decisión de ofrecerle ayuda. Sus esfuerzos por la paz no terminaron ahí. Hoy día ella es parte de un grupo que trabaja para la reconciliación entre asesinos y los familiares de sus víctimas.

YA HE INTRODUCIDO a Daniel, el hijo de Anne Coleman, y de su trágica muerte. Esta segunda desgracia cambió la vida de Anne. Hoy en día ella sirve de consejera a hombres que están en el pabellón de los condenados a muerte en el Estado de Delaware. Su obra comenzó cuando conoció a Bárbara Lewis, una mujer cuyo hijo estaba condenado a la pena capital. Juntas fueron a visitar al hijo de Bárbara, y luego empezaron a visitar a otros presos.

Así fue que conocí a Billy. Nadie lo visitaba y se sentía muy solo. Tengo que llorar cuando pienso en cómo le ahorcaron; cómo le hicieron quedarse de pie en el patíbulo durante quince minutos mientras aullaba el viento, esperando la llegada de los testigos…Después de esa ejecución pensé que ya no podía seguir adelante. Pero lo que me sostuvo fue orar.

Luego conocí a un niño llamado Marcus, cuyo padre está en el pabellón de la muerte. No tiene madre, había perdido a sus dos hermanas, y tiene pesadillas porque ahora va a perder a su padre también.

Yo sé que el odio no me devolverá a mi hija. Y de todas maneras, a esta altura no sé si algún día encontraré al que la mató. Pero uno tiene que sanar de alguna manera, y yo la he encontrado ayudando a los Billy y a los Marcus del mundo. Ayudarlos a ellos me ha sanado más de lo que jamás imaginé.

6 PADRES ABUSIVOS

Nos liberamos al saber que no tenemos que ser víctimas
de nuestro pasado, y que podemos aprender nuevos mo-
dos de responder. Pero hay un paso más allá de este
reconocimiento…Es el paso del perdón. El perdón es el
amor practicado entre personas que aman pobremente;
nos libera sin esperar nada en cambio.

HENRI J. M. NOUWEN

HOY DIA MUCHA GENTE trata de sanar un pasado destrozado. Las vidas de innumerables personas han sido profundamente dañadas por haber sufrido cuando niños, ya sea psicológicamente, físicamente o, peor que todo eso, sexualmente. Los programas de televisión y las revistas tratan a diario de estos temas. En un programa tras otro los sobrevivientes comparten sus historias dolorosas ante un público hastiado e indiferente. Sin embargo, por más que se desnuden el alma, parecería que eso no les trae la sanación que buscan. ¿Cómo pueden encontrarla?

Ronald se crió en una finca en el oeste del Estado de Pennsylvania. Unos cuarenta parientes compartían la misma casa y a duras penas se ganaban la vida trabajando la tierra. Su niñez fue brutal. Ronald recuerda que sus primos trataban de ahorcarse el uno al otro; que una abuela les disparaba a los niños desobedientes con una escopeta cargada con sal gema.

Sin embargo, el padre de Ronald era un hombre inteligente, y finalmente se fue de la finca y se mudó con sus hijos a Long Island, donde encontró trabajo. Su situación material mejoró, pero no sus relaciones. Su esposa lo dejó, y él regularmente les pegaba a sus hijos, a veces severamente. Ronald vivía en constante temor de lo que le esperaba cada día al regresar de la escuela.

Un día, el padre quedó gravemente herido en un accidente automovilístico. Se rompió el cuello y quedó paralizado del cuello para abajo. Antes había sido el tirano de la casa, ahora era un parapléjico, dependiente por completo de otros para atender a sus necesidades diarias.

Siendo ya un joven adulto, Ronald tenía todas las razones del mundo para abandonar a su padre. ¿Por qué quedarse para cuidar al hombre que le había arruinado la vida? Sin embargo, nunca se fue de su lado. Aunque los beneficios médicos y de incapacidad le proveían ayuda, él mismo se encargó de la mayor parte de su cuidado. Durante años, ha atendido fielmente a las necesidades diarias de su padre, bañando, vistiendo y ejercitando las extremidades sin vida, los brazos que le habían castigado al punto que a veces se desmayó. Con frecuencia lo lleva al aire libre en su silla de ruedas, y padre e hijo hablan de las batallas emocionales que han librado y que siguen librando.

De vez en cuando los demonios del pasado todavía atormentan a Ronald, pero dice que al fin ha encontrado cierta medida de paz, la paz que tanta falta le hizo en su niñez. Más que nada, su atención cariñosa atestigua el perdón y la sanación que tanto él como su padre sienten ahora.

KARL, UN MIEMBRO de nuestra comunidad que falleció en 1993, también sufrió una niñez muy dura. Hijo único de una familia de la clase trabajadora alemana, sus primeros años se vieron ensombrecidos por la Primera Guerra Mundial y la devastación económica que siguió. Perdió a su madre cuando él tenía cuatro años, y la madrastra murió cuando tenía catorce. Entonces el padre puso un aviso en el periódico, pero sin mencionar la existencia de Karl: "Viudo con tres hijas busca ama de llaves; posibilidad de matrimonio futuro."

Se presentaron unas cuantas mujeres, y al final una decidió quedarse. No fue hasta más tarde que se enteró de la existencia de un varón en la casa, y nunca perdonó por completo a su nuevo marido por habérselo callado. La comida de Karl siempre era inferior a la del resto de la familia, y la madrastra constantemente se quejaba de él.

El padre de Karl se quedaba callado y no hacía nada por defender a su hijo ante el trato severo y desalmado de la nueva esposa. Peor aún, se unía a ella en maltratar al muchacho y con frecuencia le azotaba usando una correa de cuero con anillos de bronce. Cuando Karl trataba de protegerse, su padre se enfurecía más y le pegaba por encima de la cabeza y en la cara.

Tan pronto como pudo, Karl se fue de casa. Atraído por el movimiento juvenil que en aquellos años de posguerra se extendía por todo el país, se unió a las filas de ateos, anarquistas y otros que querían transformar el mundo, y se propuso hacer lo que estaba en su poder para que la sociedad jamás volviera a ser como antes. Caminó a través de Alemania hasta que se topó con el Bruderhof; allí respondió al amor que sintió en seguida, y decidió quedarse. Entusiasmado, se lanzó a la vida en comunidad, pero las experiencias de su niñez no lo dejaban en paz. Una y otra vez, el resentimiento que sentía hacia sus padres le pesaba en el alma. Finalmente, fue a hablar con mi abuelo y le confió todos sus sentimientos de ira y odio.

La respuesta fue sorprendente. Eberhard Arnold sugirió que Karl escribiera a sus padres, pidiendo su perdón por todas las veces en que intencionalmente los había ofendido o les había causado pena. Le dijo a Karl que mirase únicamente su propia culpa, no la de ellos. Karl quedó estupefacto, pero siguió el consejo y escribió a su padre. La carta llegó a su destino, y aunque el padre nunca le pidió perdón por lo que le había hecho sufrir, a Karl se le quitó un peso de encima. Por primera vez en su vida había encontrado paz, y nunca volvió a quejarse de su niñez.

MARIA, UNA AMIGA de nuestra familia, se sobrepuso a sus penosos recuerdos de una manera similar:

Mi madre murió a la edad de cuarenta y dos años, dejando a mi padre con ocho hijos, de entre uno y diecinueve años de edad. Esta pérdida fue devastadora para nuestra familia, y mi padre sufrió una crisis nerviosa justo cuando más lo necesitábamos. Trató de abusar sexualmente de mi hermana y de mí, de modo que comencé a resentir su presencia y hasta odiarlo.

Entonces él se mudó de casa; yo me fui a estudiar a Europa. Durante siete años no lo vi, pero me aferré a mis sentimientos de odio y los dejé crecer en mi alma. Volví a Sudamérica, donde me comprometí con un amigo de infancia. Fue entonces que mi padre me pidió que nos encontrásemos, pero yo me rehusé. De ninguna manera habría querido encontrarme con él, pero mi novio insistió. Dijo que yo no podía rechazar un pedido como éste, que tenía que responder a sus deseos de reconciliación. Me costó una verdadera batalla, pero al fin asentí. Mi novio y yo nos arrodillamos en oración para pedir la ayuda de Dios, y la paz entró en mi corazón.

Nos encontramos en un café, y antes de que yo dijera palabra mi padre empezó a hablar, arrepentido, y me pidió que le perdonara. Esto me conmovió mucho. Me di cuenta de que aferrarme a mi odio sería un gran pecado. También reconocí que mi odio había cerrado la puerta a Dios, a su amor y a su perdón en mi propia vida.

Tal vez lo más difícil de todo es perdonar el abuso sexual de un niño. La víctima – la niña, el niño – siempre es completamente inocente, mientras que el violador, el adulto, siempre es totalmente culpable. ¿Y por qué los inocentes habrían de perdonar a los culpables? Es triste observar que muchas personas que fueron víctimas de abuso sexual en su infancia se imaginan que de alguna forma ellos son los culpables, que provocaron o hasta se merecían ese ultraje. Para ellos, perdonar parecería confirmar que efectivamente es así.

Por supuesto, no es verdad, todo lo contrario. El perdón es necesario sencillamente porque ambos, víctima y violador, aprisionados por una oscuridad que comparten, permanecerán encadenados a esa oscuridad hasta que alguien les abra la puerta. El perdón es la única salida y, aunque nuestro adversario prefiera quedarse en la oscuridad, esto no ha de detenernos. Si le dejamos la puerta abierta, hasta puede que nos siga en el camino hacia la luz.

KATE, UNA ABUELA que vino al Bruderhof con su esposo e hijos, también fue víctima de abuso sexual en su niñez. Pero una vez que pudo enfrentar sus propios sentimientos, se dio cuenta de que podía reconciliarse con su madre, quien a su vez tuvo un cambio de corazón.

Nací en un pequeño pueblo canadiense, poco después de la Segunda Guerra Mundial; soy hija mayor de una familia de origen menonita ruso. Eramos pequeños agricultores en una aldea granjera donde las condiciones de vida eran sumamente primitivas.

Recuerdo haber ido a la iglesia de pequeña, pero dejé de ir cuando empecé la escuela. Mi padre tuvo que vender la finca. Todos los días se iba a la ciudad, a veinticinco millas de distancia, donde estaba empleado en la construcción; y después de una jornada de doce horas todavía tenía que cultivar el pequeño terreno que nos quedaba.

Eramos cuatro hijas. Había tensiones en la familia, pero no las podíamos entender. Cuando yo tenía nueve años nació mi hermano, y las cosas empeoraron. Cada día mamá estaba menos en casa. No nos dábamos cuenta en aquel entonces, pero ella había comenzado a beber.

Al poco tiempo, la madre de Kate empezó a llegar a casa borracha, y sus padres se separaron. Ya no quedaba nada que se parecía a una vida de familia. La casa estaba descuidada, la ropa sucia sin lavar; todo dependía de Kate, una niña de trece años.

Cuando Jaimito, el menor, empezó a ir a la escuela, mamá estaba muy poco en casa. Yo nunca tuve tiempo para hacer los deberes, y no aprendía casi nada, de modo que tuve que repetir el noveno grado.

Mis dos hermanas menores se fueron, encontraron empleo y vivieron juntas en un apartamento en la vecindad. Yo me quedé en casa; alguien tenía que cuidar a los pequeños y, mal que bien, por lo menos tenían de comer.

En la ciudad, los hospitales para adultos incapacitados estaban llenos, y el gobierno encargó el cuidado de personas más o menos independientes a familias del vecindario. Parecía ser una fuente de ingreso para nuestra familia, y mamá alojó a dos señores mayores y una señora. Yo tuve que dejar mi cama para uno de los hombres, y compartir una cama de dos plazas con la mujer, que se pasaba muchas noches sin dormir. Cuando le dije a mamá que ya no podía más y que pidiera al hospital que se la llevaran de vuelta, mamá no estuvo de acuerdo; al fin y al cabo, los cheques llegaban todos los meses. Dijo que vendría a casa por las tardes para ayudarme. Pero ¡en qué condición llegaba a la casa! Para colmo decía que si no fuera por mí, ella no estaría metida en tantos líos.

Al principio no podía entender qué era lo que quería decir, pero más tarde me enteré que a mis padres los habían obligado a casarse porque mamá estaba embarazada de mí. A veces me maltrataba físicamente. Si por la mañana me preguntaba qué eran esos moretones en mi cara y yo le contestaba que fue ella la que me los había dado, me llamaba mentirosa.

A los dieciséis años, Kate abandonó la escuela para dedicarse de lleno al cuidado de sus hermanos. En esa época llegó a conocer a Tomás, y dos años más tarde se casaron. Todavía recuerda el sentimiento de culpa que sintió cuando la madre le preguntó, en tono acusador: "¿Y quién va a hacer el trabajo aquí?" Sin embargo, Kate se fue de casa, y junto con Tomás se dedicó a su propio hogar.

A esas alturas, yo sólo quería olvidarme de mi madre. Tenía mi propia familia, y mis suegros adoraban a mis hijos. Un día de repente mi madre quería verme, pero yo encontré varias razones para no visitarla. Esta vez era yo la que tenía la sartén por el mango.

El divorcio de mis padres se había finalizado. Con el tiempo, mamá dejó de beber; se dio cuenta de que se mataría si continuaba bebiendo con la medicina que tomaba para la presión arterial. Aún así, yo no quería nada que ver con ella; sencillamente no le tenía confianza.

Unos años después, la familia se mudó al Bruderhof. Kate iba a dar a luz, y Tomás invitó a la mamá para que compartiera nuestra alegría.

Yo estaba furiosa y le dije a Tomás que no estaba de acuerdo: "Tú la llamas ahora mismo y le dices que no venga. Dile lo que te dé la gana, pero éste es mi bebé, y yo no estoy dispuesta a compartirlo con ella." Fui muy desagradable. Al final, fui a ver uno de los ancianos de nuestra comunidad y nos sentamos a hablar del asunto.

Él me escuchó sin decir nada, y al final me dijo: "Si quieres llamarte cristiana, tienes que hacer las paces con tu madre."

"Usted no conoce a mi madre."

"No tiene nada que ver. Dios nos manda honrar a padre y madre. En ninguna parte dice: con excepción de tal y tal circunstancia."

En fin de cuentas, mi madre vino. Cuando llegó, no estaba bien de salud y necesitaba mucho cuidado. Aunque yo me resistí, finalmente pudimos hablar. Pocos días antes de volverse a su casa, yo sentí que había algo que ella estaba tratando de decirme; más que eso, parecía estar dispuesta a escuchar lo que yo tenía que decirle. Ella quería establecer una nueva relación conmigo; yo también lo deseaba, y ella estaba decidida a remover cualquier obstáculo. En ese momento me di cuenta de que ella ni siquiera estaba consciente de lo que había hecho…Ahora que pude perdonarla, para las dos había llegado el momento de sanar.

En el ambiente acogedor de su hogar, Kate hizo las paces con su madre. Fue capaz de perdonar las profundas heridas del pasado, pero reconoció además algo muy importante: No había sido sólo la falta de amor por parte de su madre sino también su propia frialdad lo que las mantuvo separadas por tantos años.

No todos los casos de distanciamiento entre padres e hijos son tan bien definidos. Susan vino de California, de circunstancias muy diferentes. Nunca sufrió verdadero abuso a manos de sus padres. Sin embargo, al igual que Kate, estuvo amargada con su madre durante muchos años, y sólo cuando pudo perdonar comenzó a sanar.

Desde que puedo recordar, mi relación con mi madre era difícil. Temía sus arrebatos de cólera, su lengua mordaz, y nunca sabía cómo complacerla. Todo esto resultó en que yo sintiera un enojo profundo, escondido, latente, que acabó por aislarme de ella. Le guardé rencor por las injusticias que recordaba de mi infancia, las palabras duras y unos cuantos golpes, todo lo cual no valía la pena mencionar. Me volví quisquillosa con sus regaños y me sentí rechazada. En fin, nunca tuvimos una relación franca y sincera. En lugar de eso, yo me arrimé a otros adultos, especialmente a mis maestras de escuela. Mi madre resentía mi apego a las maestras, pero nunca dijo nada. Recuerdo fantasear que me sacaron de mi familia y que una de ellas me adoptó. También recuerdo tener la sensación de no pertenecer a nadie, una sensación casi física que me sobrevenía en oleadas.

En mi anhelo de ser aceptada, traté de ser "buena" y oculté mis verdaderos sentimientos. Quizás no ayudaba el hecho de que nos era prohibido contestar o decir que no a nuestros padres o a cualquier otro adulto. Eramos niños, y en la presencia de los adultos teníamos que callarnos.

Las cosas empeoraron cuando llegué a la adolescencia. Encontré cada vez más formas sutiles de manifestar mi irritación y de hacer lo que me daba la gana. También encontré más formas de esquivar a mi madre y en cierto sentido "desquitarme". Esto contribuyó, en gran medida, a que yo tuviera una relación secreta y adúltera con nuestro pastor, que solía visitar a mis padres. Esa relación al fin se acabó y me casé con otro hombre, pero seguía distanciada de mi madre.

Mamá tuvo largas temporadas de crisis físicas y emocionales durante aquellos años, pero me costaba compadecerme de ella o siquiera mostrar algún interés. En realidad, era una atadura muy extraña, porque al mismo tiempo estaba desesperada por complacerla.

Al fin le tendí la mano cuando ella estaba tomando parte en un programa de "doce pasos contra el alcoholismo". Pasamos una semana maravillosa. Yo estaba dispuesta a hablar, pues había atravesado un período de arrepentimiento que me llevó a Jesucristo. A pesar de eso, poco después la puerta se cerró de nuevo. Aunque ahora no sabría explicar por qué, yo le eché la culpa a ella.

Finalmente comprendí que su manera de ser, fuerte y segura de sí misma, no era más que un caparazón, debajo del cual se ocultaba una persona muy insegura que en su propia niñez había sufrido mucho. Ambas habíamos tratado, cada una a su manera, de hallar a la otra; ambas temíamos ser rechazadas, de modo que nuestros esfuerzos no penetraron debajo de la superficie. Me avergüenza decir que al cabo de dos semanas sencillamente dejé de hablarle.

El momento decisivo vino unos años después, cuando una amiga insistió en que yo escuchara las grabaciones de Charles Stanley, un pastor bautista. Nunca había oído hablar de él, pero estaba buscando respuestas, así que lo escuché, aunque con cautela. No recuerdo exactamente lo que dijo, pero era lo que me hacía falta en ese momento. Llegué a ver que yo llevaba gran parte de la culpa en aquella relación y que necesitaba pedir perdón, y perdonar a mi vez.

Poco después, visité a mis padres para hablarles del Bruderhof y de mi intención de ingresar como miembro. Cuando estuve a solas con mi madre, le pedí perdón por mi comportamiento en el pasado y le dije que también le perdonaba a ella. Le admití que toda la vida había estado enojada con ella, aunque no estaba segura por qué. Ella no entendió por qué yo tenía que estar enojada, pero también se disculpó por el dolor que me había causado. Me dijo: "Lo pasado ya pasó y no puedo remediarlo, pero ahora tenemos que seguir adelante." Fue el principio de sanar para ambas. Me permitió abrirme, ser honesta y expresar mi profundo deseo de amar y de ser amada tal como era, y no por lo que creía yo poder dar a otros.

Lo irónico en todo esto es que, algunos meses más tarde, estábamos viendo televisión en casa de mi tía cuando Charles Stanley apareció en la pantalla. Como las dos buenas protestantes episcopales que son, mamá y mi tía refunfuñaron: "Ay, ¡ese hombre no!" y se levantaron para cambiar el canal. Pensé que Dios se estaba sonriendo conmigo.

Una vez que le hicieron frente a su enojo, Susan y su madre pudieron comenzar a reconstruir su relación. Muchos que tienen historias parecidas continúan sufriendo innecesariamente porque no pueden perdonar. No importa quiénes somos ni de dónde venimos. Lo que importa es que perdonemos y que nos abramos a la obra de Dios. Entonces sí que pueden ocurrir milagros. Puede que en ocasiones surjan recuerdos dolorosos para enturbiar las aguas, pero no debemos permitirles que nos empañen la vista. Aunque no podamos olvidar, debemos creer que sí podemos perdonar; y cuando hayamos perdonado, empezaremos a sanar.

7 VENCIENDO AL ODIO CON EL AMOR

La historia dice: No pongas tu esperanza
a este lado de la tumba.
Sin embargo, una vez en la vida
puede que surja
el anhelado maremoto de la justicia,
y la esperanza y la justicia riman.

Así pues ten esperanza
  en una transformación oceánica,
más allá de la venganza.
Cree que una orilla más lejana
es alcanzable desde aquí.
Cree en milagros
y curaciones y fuentes de sanación.
SEAMUS HEANEY

LA EXPRESION "clausura", en el sentido de poner fin a un trance lastimoso, ha llegado a ser una palabra común en nuestro vocabulario. Usada a menudo, tanto por periodistas y abogados como por víctimas de un crimen, frecuentemente se entiende como que significa el punto final de una experiencia dolorosa y horrible. Se nos hace creer que basta encerrar al criminal, determinar sus motivos y, por último, vengarse. Pero clausura en este sentido, ¿puede realmente brindarnos paz y tranquilidad de espíritu? ¿Y qué función desempeña el perdón?

Bill Chadwick de Baton Rouge en el Estado de Louisiana, escribe:

Mi hijo, Michael, de 21 años, murió instantáneamente en un choque de automóviles el 23 de octubre de 1993. Su mejor amigo, que estaba en el asiento de atrás, también se mató. El conductor, que había bebido mucho e iba a velocidad excesiva, sólo sufrió heridas menores. Lo acusaron de dos cargos de homicidio vehicular. Michael tenía solamente una pizca de alcohol en el sistema, y su mejor amigo no tenía ninguno.

Las ruedas de la justicia giran muy lentamente. Los tribunales tardaron más de un año en examinar el caso contra el conductor. Asistimos a vista tras vista, y cada vez el caso se aplazó. Incluso, aunque fue infructuoso, hasta hubo un intento de desmentir los resultados de las pruebas del nivel de alcohol en la sangre. Finalmente el acusado se declaró culpable y fue sentenciado a seis años por cada cargo, a cumplir simultáneamente.

Nosotros le sugerimos a la oficina de probatoria que podría serle beneficioso un programa al estilo de *"boot camp"* o campamento de entrenamiento militar. No queríamos perjudicarlo, pero creíamos que debía pagar por lo que había hecho. Aun así, recibimos una carta muy desagradable de su madre, insinuando que, de alguna manera, habíamos presionado para que le dieran la sentencia máxima…Dijo que si hubiese sido su hijo el que murió, con Michael al volante, ella no habría guardado rencor. Yo le sugerí que, hasta que su hijo no estuviera muerto de verdad, ella no debería hablar de lo que haría o dejaría de hacer…

Finalmente, su hijo fue sentenciado a seis meses en un *"boot camp"*, con el resto de la sentencia a cumplirse en libertad bajo palabra y con supervisión intensiva. A los seis meses su hijo iba a regresar a casa – el nuestro, nunca.

Probablemente me había tragado la noción que, de algún modo, las cosas serían diferentes después de que el conductor fuese llevado ante la justicia. Creo que es eso lo que quieren decir los que hablan de "clausura". Tenemos la idea que si hay alguien a quien echarle la culpa, entonces podemos dar el asunto por terminado.

Es algo así como pensar que si el asunto tiene algún sentido, o si las víctimas reciben algún tipo de justicia, entonces, por fin, el dolor se irá. En los años después de la muerte de Michael, he leído numerosos relatos de personas desconsoladas que están buscando una clausura de esta índole. Hasta los he visto, en programas de televisión, pedir a gritos la pena de muerte, como si matar al culpable fuera una ayuda para los familiares de la víctima.

Yo estaba enfurecido con el conductor del auto, por supuesto. Pero también estaba enojado con Michael. Después de todo, aquella noche había obrado con una seria falta de juicio, al punto de arriesgar su vida. Yo tuve que pasar por ese enojo para poder lidiar con mis sentimientos. Sin embargo, aún después de que lo sentenciaran, no encontré clausura. Lo que sí tenía era un enorme hueco en el alma, y nada con qué llenarlo.

Fue unos meses después que caí en la cuenta: Hasta que yo no pudiera perdonar al conductor, no lograría conseguir la clausura que buscaba. Perdonar no es lo mismo que eximir de responsabilidad. No cabía duda de que el conductor era responsable de la muerte de Michael; aún así yo tenía que perdonarle antes de poder distanciarme del incidente. Ninguna clase de castigo podría jamás ajustar las cuentas. Yo tenía que estar dispuesto a perdonar sin que las cuentas se ajustaran. Y en realidad este proceso de perdonar no tenía nada que ver con el chofer; tenía que ver conmigo. Era un proceso por el que tenía que pasar yo; yo mismo tenía que cambiar, sin tener en cuenta lo que él hiciera.

Fue un camino largo y doloroso. No era sólo al conductor que tenía que perdonar; también tenía que perdonar a Michael, a Dios por haberlo permitido, y a mí mismo. En el fondo, lo más difícil era perdonarme a mí mismo. Había muchas ocasiones en mi propia vida en las que yo había conducido a Michael a algún lado, estando yo mismo bajo la influencia del alcohol. Ahí estaba la clave para mi perdón: perdonarme a mí mismo. Mi rabia hacia otras personas no era más que mi propio miedo volteado hacia afuera.

Yo había proyectado mi propia culpa sobre los demás – el conductor, los tribunales, Dios, Michael – para no tener que mirarme a mí mismo. Y no fue hasta que pude ver mi parte en esto que mi perspectiva cambió.

Esto es lo que yo aprendí: que la clausura que buscamos viene al perdonar. Y esta clausura depende únicamente de nosotros mismos, porque poder perdonar no es algo que viene desde fuera de nosotros, sino de adentro del alma.

El padre de Michael aprendió lo que ha de ser la lección más difícil para un padre. Al mismo tiempo es una lección que cada uno de nosotros necesita aprender, sea cual fuere nuestra situación en la vida. A menos que en nuestros corazones sintamos perdón hacia aquellos que nos hacen daño, no nos sentiremos en paz, por más "razón" que tengamos en exigir un merecido castigo.

En una sociedad que da gran importancia a la venganza, el perdón no es una idea muy popular. Cada vez más, la condena por un tribunal ha dejado de ser suficiente; la gente quiere tomar parte personalmente en el acto punitivo. En varios Estados se ha legislado para conceder a los familiares de víctimas de asesinatos el derecho de presenciar las ejecuciones. Sin embargo, ninguna de estas familias parece encontrar la paz que busca. Su ansia de ver a otros heridos por la misma violencia que los ha herido a ellos nunca queda saciada. En vez de sanar sus heridas, su búsqueda de venganza los deja desilusionados y llenos de ira.

Perdonar no significa condonar. En algunos casos, "perdonar y olvidar" no sólo es imposible, sino que es inmoral. ¿Cómo podría alguien olvidar a un hijo? El dolor, la indignación y la ira son completamente comprensibles, y tal vez hasta necesarios, pero, en última instancia, tienen que ceder al deseo de reconciliación.

Jesús nos dice que Dios nos perdonará únicamente si nosotros perdonamos a los demás. No olvidemos nunca cómo él mismo, clavado en la cruz, perdonó a los que lo atormentaban. Sólo cuando estemos dispuestos a hacer lo él hizo, podremos comenzar a penetrar en el misterio del perdón.

GORDON WILSON sujetaba la mano de su hija Marie mientras ambos yacían atrapados bajo una montaña de escombros. Era 1987, los dos estuvieron entre los asistentes a un pacífico servicio conmemorativo en Enniskillen (Irlanda del Norte), cuando estalló una bomba terrorista. Al final del día, Marie y nueve otros civiles habían muerto y sesenta y tres habían sido hospitalizados con heridas. Asombrosamente, Gordon rehusó pedir que se tomaran represalias, diciendo que expresiones de ira no podían devolverle su hija ni traer la paz a Belfast. Sólo unas horas después del atentado, dijo a periodistas de la BBC:

> He perdido a mi hija, y la echaremos de menos. Pero no guardo rencor…Eso no me la devolvería…
>
> Les ruego que no me pidan una razón…no tengo respuesta. Pero sé que tiene que haber un plan. Si no creyera eso, me suicidaría. Es parte de un plan mayor, y Dios es bueno. Y nos volveremos a ver.

Más tarde, Gordon dijo que no era su intención que se formulara una teología de justicia con sus palabras. Simplemente le habían salido de lo más profundo de su corazón. En los días y meses que siguieron al atentado, luchó para vivir de acuerdo con sus palabras. No era fácil, pero era algo de qué agarrarse, algo para mantenerlo a flote en las horas más sombrías.

Sabía que los terroristas que le quitaron la vida a su hija no tenían ningún remordimiento, y sostuvo que deberían ser castigados y encarcelados. Aún así, se le entendió mal, y muchos lo ridiculizaron porque rehusaba buscar venganza.

Los que tienen que responder por esta acción, un día enfrentarán al juicio de Dios, que está mucho más allá de mi perdón…Estaría mal de mi parte dar la impresión de que a pistoleros y a terroristas pone-bombas se les debería permitir andar libremente por las calles. Pero por mi parte…sean juzgados o no en esta vida por un tribunal…yo hago lo que puedo por manifestar perdón…La última palabra le corresponde a Dios…y los que buscan su perdón tendrán que arrepentirse.

El perdón le permitió a Gordon aceptar la muerte repentina de su hija, y tuvo efecto mucho más allá de su propia persona. Por lo menos por un tiempo, sus palabras rompieron el círculo vicioso de matanza y venganza. Los líderes paramilitares protestantes de la localidad se sintieron tan reprendidos ante tal hombría que no tomaron represalias.

AUNQUE RECONOZCAMOS la necesidad de perdonar, a veces nos tienta decir que simplemente no podemos, que es demasiado difícil; que es algo para santos, tal vez, pero no para pecadores. Argüimos que hemos sido heridos demasiadas veces, que nuestra parte de la historia ha sido tergiversada, o que no se nos ha comprendido.

No obstante, una vez que nos decidimos a perdonar, tenemos que salirnos de por medio para que pueda obrar Dios. Es más fácil decirlo que hacerlo. ¡Cuántas veces admitimos que Dios tiene el poder de redimir cualquier situación, pero no estamos dispuestos a desprendernos! Quizás sea porque no confiamos plenamente en él, y pensamos que podemos manejar las cosas por cuenta propia. Pero de esa manera le cerramos la puerta en la cara y nos aislamos de su gracia y su misericordia.

La historia de Steven McDonald ha tocado a muchos americanos, pero parece que no son muchos los que ven en su acto de perdonar algo más que un acto de voluntad sobrenatural. Steven, un policía y detective de la ciudad de Nueva York, fue baleado en 1986 mientras interrogaba a tres jóvenes en el Parque Central, y quedó paralizado del cuello hacia abajo. Llevaba menos de un año de casado, y su esposa tenía dos meses de embarazo.

Shavod Jones, su asaltante, provenía de un complejo de viviendas públicas en Harlem, Nueva York; Steven vivía en un barrio de gente blanca adinerada. Su breve encontronazo podría haber terminado con prisión para uno, y toda una vida de amargura para el otro. Pero aún antes de que soltaran a Shavod de la cárcel, comenzó a cartearse con él en un esfuerzo de traer "paz y propósito" a la vida de ese joven. Steven escribe:

> Preguntarme por qué me había disparado el muchacho era algo que estaba completamente fuera de mi pensamiento mientras miraba el cielo raso desde mi cama en el hospital. Estaba perplejo, pero descubrí que no podía odiarlo a él sino a las circunstancias que esa tarde lo habían llevado al Parque Central con una pistola escondida en el pantalón.
>
> Para ese muchacho yo era una chapa, un uniforme que representaba al gobierno. Yo era el sistema que les permitía a los dueños de casas cobrar alquiler por apartamentos escuálidos en edificios deteriorados; yo era la agencia municipal que reconstruía barrios pobres y echaba a los residentes, mediante el "aburguesamiento", sin tener en cuenta si eran buenos ciudadanos que respetaban la ley, o criminales y traficantes en drogas; yo era el policía irlandés que se presentaba en una disputa doméstica y se iba sin hacer nada porque no había ninguna violación de la ley.
>
> Para Shavod Jones, yo era el chivo expiatorio, el enemigo. No me veía como una persona con seres queridos, como hombre casado y futuro padre. Él estaba infectado con los mitos que circulan entre su gente: Los policías son racistas, se vuelven violentos, así que ármate contra ellos. No, yo no podía echar la culpa a Jones.

La sociedad, la familia, las agencias sociales responsables por él, los que hicieron que fuera imposible que sus padres se quedaran juntos – todos le habían fallado mucho antes de que Shavod Jones se encontrara con Steven McDonald en el Parque Central.

A veces, cuando no me siento bien, puede que me enoje. Pero me doy cuenta de que el enojo es una emoción derrochada...A veces estoy enojado con el adolescente que me pegó el balazo; pero más a menudo le tengo lástima. Sólo espero que él pueda cambiar su vida y ayudar a la gente en vez de hacerles daño. Yo le perdono y espero que pueda encontrar paz y propósito en su vida.

Al principio Shavod no contestó las cartas de Steven; más tarde, cuando lo hizo, el intercambio fracasó, porque Steven rehusó acceder a su pedido de ayudarle a obtener la libertad condicional. A fines de 1995, sólo tres días después de salir de la prisión, Shavod perdió la vida en un accidente de motocicleta. Steven continúa predicando su mensaje de amor y perdón desde su silla de ruedas.

Hace algunos meses visité a Steven en su casa en Long Island, e inmediatamente quedé impresionado por su bondadosa manera, sus ojos chispeantes, y el alcance de su invalidez. Es bastante difícil para una persona mayor vivir confinado a una silla de ruedas. Que a un hombre lo arranquen de la vida activa a los veintinueve años es devastador; agrega a esto tener que respirar por una traqueotomía, y un hijo de diez años cuyo papá nunca ha podido abrazarlo – ahí tienes a Steven McDonald. Pero no percibí ningún enojo, ninguna amargura.

Con calma y con firmeza me abrió su corazón. Habló de aquel balazo como de una "bendición", una dura prueba de fe, que sin duda lo había acercado más a Dios, y lo había obligado a enfocarse más en lo espiritual y lo eterno:

Al principio, el perdón era una manera de seguir adelante, una manera de dejar atrás aquel horrible accidente. Pero luego me di cuenta de que yo había vivido una vida pecaminosa y egoísta, y que yo mismo necesitaba perdón. Era muy simple.

Ahora, Steven ha encontrado un propósito para su vida: enseñar a perdonar. Regularmente habla en escuelas primarias y secundarias, y en ceremonias de graduación. Considera su trabajo como un encargo de Dios. Puesto que perdonó, y compartió con otros su acto de perdonar, Steven tiene la esperanza de que la gente vuelva a descubrir a Dios.

Once años después del balazo, su esposa Patti sigue fielmente a su lado. Luchan a diario con la realidad de su incapacidad y los efectos que tiene sobre su matrimonio. A menudo Steven tiene que batallar contra el desaliento, y hasta ha luchado contra pensamientos suicidas. Pero cuando le pregunté si el perdonar en sí había sido una lucha, dijo que no, que era más bien un don, una gracia.

No debe ser fácil perdonar cuando uno ha sido tan gravemente herido. Pero aún en la agonía más profunda tenemos que elegir entre amar u odiar, perdonar o condenar, buscar reconciliación o venganza. Steven podría haberse amargado, pero escogió el camino de la paz y la reconciliación, y hasta el día de hoy está transformando la vida de otros.

Uno de los héroes de Steven es Martin Luther King Jr. el renombrado dirigente de derechos civiles (Civil Rights Movement). Durante nuestra visita pidió a la enfermera que le sostuviera un libro que nos quería mostrar; era una colección de los discursos de King, y nos leyó un pasaje favorito:

Hay tanta frustración en el mundo porque hemos dependido de dioses, en lugar de depender de Dios…Lo que tenemos que descubrir nuevamente es la fe en Dios…El perdón no es un acto aislado; es una actitud arraigada.

Antes de despedirnos, Steven me pidió que orara con él. Lo hicimos, y la cara le brilló de alegría. Rara vez he visto a un hombre tan contento, tan tranquilo y seguro del propósito que tiene su vida.

CHRIS CARRIER perdonó a un hombre a quien la mayoría de nosotros le desearíamos la muerte. Cuando tenía diez años, un ex empleado de su padre lo secuestró, lo hirió y lo abandonó para que se muriera en los *Everglades,* un monte salvaje de la Florida. Chris escribe:

> El viernes 20 de diciembre de 1974 no fue un día común. Era el último día de clases antes de las vacaciones de Navidad, y nos dejaron salir temprano de la escuela.
>
> Me bajé del autobús a la una y cuarto de la tarde y empecé a caminar a casa. Un hombre, no muy joven, venía caminando por la acera en mi dirección y pareció reconocerme. A pocos pasos de mi casa, se presentó diciendo que era amigo de mi padre, que iba a dar una fiesta para papá, y que le gustaría que le ayudara con las preparaciones. Estuve de acuerdo, y lo acompañé hasta el centro juvenil de la vecindad, donde tenía estacionada su casa rodante. Subí al vehículo y me puse cómodo.
>
> Viajamos en dirección norte, y los barrios conocidos de Miami fueron desapareciendo rápidamente. En un lugar apartado del tránsito suburbano, se detuvo al lado de la carretera, diciendo que se había pasado de una intersección. Me dio un mapa y dijo que le encontrara cierto número de carretera, mientras iba "atrás para buscar algo".
>
> Mientras yo estudiaba el mapa y esperaba, sentí una repentina punzada en el hombro, y luego otra. Me di vuelta y lo vi parado

detrás de mí con un punzón en la mano. Me agarró y me arrastró del asiento hasta que estuve en el piso. Arrodillándose encima de mí, me apuñaló en el pecho varias veces. Le rogué que parara, y le prometí que si me dejaba ir, no diría nada a nadie de lo que había pasado.

Sentí un enorme alivio cuando finalmente se levantó. Me dijo que me iba a dejar en alguna parte y que después llamaría a mi papá para informarle dónde podría encontrarme. Me permitió sentarme en la parte de atrás de la casa rodante mientras manejaba. Cuando le pregunté por qué me estaba haciendo eso, me dijo que mi papá "le había costado mucho dinero".

Después de más o menos una hora, entró en una polvorienta carretera secundaria, diciendo que era aquí donde mi papá me recogería. Salimos caminando juntos hacia los arbustos, y me senté donde me mandó. Lo último que recuerdo es ver como se fue caminando.

Seis días después, en la tarde del 26 de diciembre, un cazador de la localidad encontró a Chris. Tenía la cabeza ensangrentada y los ojos amoratados. Le habían pegado un tiro en la cabeza. Milagrosamente, no hubo daño cerebral, y él no recordó el disparo.

En los meses que siguieron, Chris luchó a diario con la incertidumbre causada por saber que el hombre que lo había secuestrado todavía andaba suelto. También tuvo que adaptarse a las limitaciones físicas que sufrió en consecuencia. Quedó ciego de un ojo y no podía participar en ciertos deportes. Y, como cualquier otro muchacho adolescente, se preocupaba por su apariencia.

Chris no quería que se mencionara en público lo que le había sucedido; recuerda preguntarse cómo era que después de ese "milagro" podía sentirse tan desgraciado. Para asombro de todos, a la edad de trece años experimentó un cambio. Empezó a ver su pesadilla como una bendición en vez de una maldición. Se dio cuenta de que sus heridas podrían haber sido mucho peores;

hasta podría haber muerto. También reconoció que no podía seguir enojado para siempre, y una vez por todas dio la espalda a la enemistad, la venganza y la lástima por sí mismo.

El 3 de septiembre de 1996 Chris recibió una llamada telefónica que volvió a cambiarle la vida una vez más. Un jefe de detectives del departamento de la policía de Coral Gables llamó a su casa para informarle que un hombre llamado David McAllister confesó ser quien le había secuestrado. La familia de Chris lo había empleado como acompañante de un tío anciano, pero lo despidieron por problemas con la bebida. Al día siguiente Chris visitó a David.

> Cuando lo visité aquella tarde, sentí una compasión abrumadora por ese hombre. David McAllister ya no era un secuestrador que me atemorizaba. Era, al contrario, un viejito de setenta y siete años que apenas pesaba 28 kgs. El glaucoma lo había dejado ciego; el alcoholismo y el cigarrillo le habían arruinado la salud. No tenía ni amigos ni familia. Era un hombre que enfrentaba la muerte acompañado sólo por sus remordimientos.
>
> Cuando primero le hablé a David, se mostró bastante insensible. Supongo que pensó que yo era otro policía. Un amigo mío que me había acompañado, muy prudentemente le hizo varias preguntas sencillas que lo ayudaron a admitir el secuestro. Al final le preguntó: "¿Alguna vez has deseado decirle a aquel joven que estás arrepentido de lo que hiciste?" David contestó enfáticamente: "¡Pero sí! ¡Cuánto quisiera poder hacerlo!"
>
> En ese momento yo me di a conocer. Como era ciego, me tomó de la mano y dijo que sentía mucho lo que me había hecho. Yo por mi parte le ofrecí mi perdón y mi amistad.

Chris dice que no le fue difícil perdonar. Pero dice que los medios noticiosos todavía no se explican por qué y cómo lo hizo. Admiran su capacidad de perdonar, pero no pueden entender qué fue lo que lo había impulsado a hacerlo. Cada vez que surge el tema del perdón, se quedan en blanco; parece que prefieren enfocar el drama del secuestro y los detalles de la tortura. En cierto sentido, eso no debe sorprendernos. Ningún análisis de las emociones humanas, por más inteligente que sea, puede explicar satisfactoriamente lo que significa querer perdonar. El perdón lo pueden comprender sólo los que captan la misericordia de Dios. Chris agrega:

> Hay una razón pragmática para perdonar. Cuando nos hieren, podemos responder buscando venganza o bien podemos perdonar. Si escogemos la venganza, el enojo nos amarga la vida. Cuando se logra la venganza, uno se queda vacío. El enojo es un impulso difícil de satisfacer, y puede llegar a ser habitual. Pero el perdón nos permite seguir adelante.
>
> Hay otra razón para perdonar, que es más poderosa aún. El perdón es un don, es una bendición. Lo he recibido, y también lo he ofrecido. En ambos casos, me ha dejado completamente satisfecho.

En los días que siguieron a aquel dramático encuentro, Chris empezó a visitar a David y lo fue a ver cada vez que podía, muchas veces con su esposa y sus dos hijas. Los dos hombres pasaron horas hablando, leyendo y orando juntos; poco a poco, la dureza del viejo se derritió. Y una noche, tres semanas más tarde, pocas horas después que Chris lo había acomodado en la cama, David murió.

Mejor tal vez que cualquier otra historia en este libro, las de Chris y Steven demuestran la paradoja inherente a aquel misterio que llamamos "perdón". Vimos cuán difícil puede ser renunciar a rencores relativamente pequeños. Sin embargo, esos dos hombres, cuyo sufrimiento sobrepasa la peor pesadilla, supieron perdonar con una facilidad heroica, casi increíble. Pero tal vez esto tenga que ver no tanto con ellos mismos como con la fe en un poder superior que tenían ambos. En fin de cuentas, todo perdón viene de Dios. Él vence la oscuridad con la luz, y el mal con el bien; él quiere que el criminal y la víctima se encuentren cara a cara para lograr la paz y la reconciliación.

8 EL PERDÓN ANTE EL PREJUICIO

*¡Si tan sólo hubiese gente mala en un mismo lugar,
personas que con perfidia cometen malas acciones, y
sólo fuese necesario separarlas del resto de nosotros y
destruirlas!...Pero la línea divisoria entre el bien y
el mal pasa por el corazón de cada ser humano. ¿Y
quién está dispuesto a destruir un pedazo de su
propio corazón?*

ALEKSANDR SOLZHENITSYN

MILLONES DE CRISTIANOS rezan el Padrenuestro todos los días. Pedimos a Dios que "perdone nuestras ofensas, así como nosotros perdonamos a los que nos ofenden"; pero ¿lo decimos en serio? Con demasiada frecuencia, repetimos estas sagradas palabras sin pensar en lo que significan, es decir que cuando hayamos reconocido nuestra propia necesidad de perdón, seremos capaces de perdonar. No se nos hace fácil reconocer esto. Por alguna razón siempre nos parece más seguro aferrarnos a nuestro orgullo farisaico, aunque sabemos muy bien que la humildad, la admisión que nosotros mismos somos pecadores, es la esencia del perdón. En las Bienaventuranzas, Jesús nos dice que los mansos serán bendecidos, y que son ellos los que heredarán la tierra. Y en la parábola del sirviente despiadado nos advierte que no debemos tratar a otros con más severidad de lo que queremos ser tratados nosotros mismos:

Por lo cual el reino de los cielos es semejante a un rey que quiso hacer cuentas con sus siervos. Y comenzando a hacer cuentas, le fue presentado uno que le debía diez mil talentos. A éste, como no pudo pagar, ordenó su señor venderle, y a su mujer e hijos, y todo lo que tenía, para que se le pagase la deuda. Entonces aquel siervo, postrado, le suplicaba, diciendo: Señor, ten paciencia conmigo, y yo te lo pagaré todo. El señor de aquel siervo, movido a misericordia, le soltó y le perdonó la deuda.

Pero saliendo aquel siervo, halló a uno de sus consiervos, que le debía cien denarios; y asiendo de él, le ahogaba, diciendo: Págame lo que me debes.

Entonces su consiervo, postrándose a sus pies le rogaba diciendo: Ten paciencia conmigo, y yo te lo pagaré todo.

Mas él no quiso, sino fue y le echó en la cárcel, hasta que pagase la deuda. Viendo sus consiervos lo que pasaba, se entristecieron mucho, y fueron y refirieron a su señor todo lo que había pasado.

Entonces, llamándole su señor le dijo: Siervo malvado, toda aquella deuda te perdoné porque me rogaste. ¿No debías tú también tener misericordia de tu consiervo, como yo tuve misericordia de ti?

Entonces su señor, enojado, le entregó a los verdugos, hasta que pagase todo lo que le debía.

Así también mi Padre celestial hará con vosotros si no perdonáis de todo corazón cada uno a su hermano sus ofensas. (S. Mateo 18.23–35, versión Reina-Valera)

Una vez que veamos cuán necesitados de perdón somos nosotros mismos, estaremos colmados de amor y compasión por los demás. Y cuando nos demos cuenta de cuán profundamente hemos herido a otros, nuestras propias heridas, por más profundas, se desvanecerán.

HELA EHRLICH, de ascendencia judía, se crió en la Alemania nazi; ahora forma parte del Bruderhof. Poco antes de estallar la Segunda Guerra Mundial, la familia logró emigrar a Sudamérica, pero a pesar de haber escapado de la muerte en un campamento de concentración sufrieron mucho. Su padre murió a la edad de cuarenta y dos años. Perdió a sus abuelos de ambos lados de la familia, así como a todas las amigas de su niñez, en el Holocausto.

Cuando en el curso de una reunión de miembros de la comunidad se mencionó la importancia del perdón, Hela habló de su lucha contra la amargura y de su persistente aversión a perdonar las atrocidades que cometieron los nazis.

> Me senté temblando, y en ese momento caí en cuenta de que, si miraba dentro de mi propio corazón, podía encontrar semillas de odio ahí también. Me di cuenta de que están presentes en cada ser humano. Los pensamientos arrogantes, los sentimientos de fastidio, la frialdad, el enojo, la envidia y hasta la indiferencia hacia los demás – éstas son las raíces de lo que aconteció en la Alemania nazi. Reconocí más claramente que nunca que yo misma necesitaba desesperadamente el perdón de Dios, y al fin me sentí completamente libre.

JARED ES UN ESTUDIANTE universitario afro-americano que viene de Boston. Hace poco visitó nuestra comunidad y nos contó una historia parecida.

> Yo tenía seis años cuando desperté a la realidad del racismo. Desde el ambiente protegido de mi hogar me empujaron al mundo, es decir a la escuela primaria del barrio, que quedaba cerca de casa. Había estado en la escuela sólo un mes cuando una ley municipal ordenó el traslado por ómnibus a una escuela en el otro extremo de la ciudad. Mis padres no estaban contentos con esto; ellos querían que yo fuera a una escuela donde me conocieran y

quisieran. Tenían una finca en el campo, así que nos mudamos para allá…

Mi padre era veterano del movimiento de derechos civiles *(Civil Rights Movement)*, y nos enseñó a amar y respetar a todo ser humano, blanco o negro. Yo no miraba las cosas desde un punto de vista racial. Con todo, yo era el único niño negro en la escuela, y a muchos de los otros niños obviamente se les había enseñado a odiar. Cuando notan diferencias, los niños pueden ser brutales entre sí. Comienzan con una pregunta inocente: ¿Por qué es oscura tu piel? Pero entonces empiezan a reírse y a burlarse, porque saben que de algún modo tener piel oscura es ser diferente – en algún momento de su vida se les había enseñado que no es "lo normal".

Me sentí fuera de lugar, como pez fuera del agua, y esos chiquilines me hicieron la vida difícil. Recuerdo un incidente típico. Un día yo le presenté a uno de mis amigos blancos a otro muchacho blanco; de ahí en adelante ellos siempre se sentaron juntos en el autobús, y a mí me dejaron a un lado.

Cuando yo estaba en el séptimo grado, había en mi clase un muchacho blanco llamado Simón, el único blanco en toda la escuela. Lo tratábamos como un paria, lo provocábamos con epítetos raciales y nos burlábamos de él. Aunque no nos había hecho nada a ninguno de nosotros, descargábamos sobre él todo nuestro odio por los blancos. Él simbolizaba todo lo que sabíamos de los blancos y de su historia: la humillación de nuestro pueblo, los linchamientos, las turbas, la trata de esclavos. Descargábamos toda nuestra amargura e ira sobre este muchacho.

Ahora sé que lo que hicimos a Simón estuvo mal. Eramos racistas, la misma cosa por la cual desdeñamos a los blancos. Hasta el día de hoy, ruego que Dios me perdone por el mal que ocasioné. Le pido perdón a Dios ya que no se lo puedo pedir a Simón. Y me propongo perdonar a los muchachos que no tuvieron corazón para tratarme con amor cuando yo era el único negro entre ellos.

JOSEF BEN-ELIEZER, hijo de padres judíos y miembro del Bruderhof, nació en el 1929 en Francfort, Alemania. Al igual que miles más, sus padres habían emigrado de Polonia para escapar de la persecución y la pobreza, pero fue muy breve el respiro.

Mi primer encuentro con el antisemitismo ocurrió cuando tenía solamente tres años. Asomados a la ventana de nuestro apartamento en la *Ostendstrasse* de Francfort, vimos pasar un batallón de la Juventud Hitleriana. Marcharon al ritmo de una canción que hasta yo mismo entendí: *Wenn Judenblut vom Messer spritzt* (Cuando la sangre judía corre por nuestros puñales). Todavía recuerdo la mirada de horror en la cara de mis padres.

Al poco tiempo, nuestra familia decidió salir de Alemania, y a fines de 1933 nos mudamos a Rozwadow en Polonia, a orillas del Río San. La mayoría de los habitantes eran judíos: artesanos, sastres, carpinteros y comerciantes. Había mucha pobreza, pero dentro de las circunstancias, a nosotros se nos consideraba clase media. Allí vivimos los próximos seis años.

La guerra comenzó en 1939, y a las pocas semanas los alemanes entraron en nuestro pueblo. Mi padre y hermano mayor se escondieron en el desván, y si alguien llamó a la puerta y preguntó por ellos, dijimos que no estaban en casa.

Entonces llegó el edicto que tanto temíamos: Todos los judíos tenían que juntarse en la plaza. Nos dieron unas pocas horas. Llevamos lo que podíamos cargar; amarramos las cosas en bultos para llevar a cuestas. La SS nos obligó a marchar desde la plaza hacia el Río San, a varias millas del pueblo. Unos hombres uniformados nos acompañaron en motocicleta. Nunca olvidaré cómo uno de ellos se detuvo, nos gritó que nos diéramos prisa, se acercó a mi padre y lo pegó en la cara.

A la orilla del río nos esperaban otros hombres uniformados. Nos cachearon, buscando artículos de valor: dinero, joyas, relojes. (Por suerte no encontraron el dinero que mis padres habían escondido en la ropa de mi hermanita.) Entonces nos ordenaron cruzar el río hacia una tierra de nadie. No nos dieron otras instrucciones, así que buscamos alojamiento en una aldea al otro lado del río.

De repente, unos días después, oímos que los alemanes iban a ocupar esta región también. Nos entró el pánico. Con el poco dinero que teníamos escondido, mis padres se juntaron con dos o tres familias, y compraron un caballo y una carreta para llevar a los niños más pequeños y lo poco que habíamos logrado cargar a cuestas.

Dirigimos nuestros pasos hacia el este en dirección a Rusia, esperando llegar a la frontera antes del oscurecer; pero cuando cayó la noche, nos encontramos en medio de un gran bosque. Una banda de hombres armados nos atacó y exigió que le entregáramos todo lo que teníamos. Fue un momento aterrador, pero hubo algunos en nuestro grupo que tuvieron la valentía de hacerles frente. Al final, se llevaron una bicicleta además de algunas cosas de poco valor.

La familia de Josef pasó los años de la guerra en Siberia. Milagrosamente, en 1943 Josef logró escapar a Palestina. Después de la guerra, llegó a conocer a judíos que habían sobrevivido los campos de concentración:

En 1945 los primeros niños liberados de Bergen-Belsen y Buchenwald comenzaron a llegar a Palestina. Me horroricé al escuchar lo que habían sufrido estos chicos; algunos tenían doce, trece o catorce años no más, y parecían unos viejitos. Me quedé anonadado…

En los próximos tres años luché contra la ocupación colonial británica. Yo estaba lleno de odio por los ingleses, especialmente después de que empezaron a restringir la inmigración de los sobrevivientes del Holocausto a Palestina. Nosotros, los judíos, dijimos que nunca más iríamos como ovejas al matadero, por lo menos no sin defendernos. Sentíamos que vivimos en un mundo de bestias salvajes, y que para sobrevivir tendríamos que ser como ellos.

Cuando terminó el mandato británico en Palestina, hubo más lucha por la tierra entre los judíos y los árabes. Yo me alisté en el ejército, porque ya no podía seguir permitiendo que me pisotearan…

Durante una campaña en Ramla y Lod, mi unidad ordenó a los palestinos que desalojaran sus casas dentro de unas pocas horas. No les permitimos irse en paz, sino que por puro odio les caímos encima. Los golpeamos y los interrogamos brutalmente. Algunos hasta fueron asesinados. No habíamos recibido órdenes de hacer estas cosas; actuamos por iniciativa propia. Se habían desatado nuestros instintos más bajos.

De repente, mi niñez en Polonia apareció ante mis ojos. Reviví en mi mente mi propia experiencia de cuando tenía diez años, expulsado de mi pueblo. Aquí también había gente que huía, hombres, mujeres y niños, con lo poco que pudieron llevar a cuestas. Y los ojos de los palestinos estaban llenos de miedo, un miedo que yo mismo conocía tan bien. Me sentí terriblemente angustiado, pero estaba bajo órdenes y seguí palpándolos en busca de objetos de valor. Ahora yo ya no era la víctima. Ahora, yo tenía el poder.

Poco después, Josef salió del ejército, pero no estaba contento. Abandonó el judaísmo, luego la religión en sí, y trató de comprender el sentido de la vida racionalizando el mal. Pero eso no le resultó tampoco, y finalmente vino a parar en el Bruderhof.

Fue ahí que por primera vez conocí la realidad del perdón. Y me pregunto: ¿Cómo puedo no perdonar a los demás, si yo mismo soy tan necesitado del perdón, una y otra vez? Más que nada, me anima la esperanza de que algún día el mismo espíritu que me salvó a mí convencerá al mundo entero.

Los tres, Hela, Jared y Josef, tenían razones valederas para no perdonar a sus enemigos. Del punto de vista humano eran inocentes. Los pesos que llevaban resultaron del prejuicio y odio de otros, no de los suyos. Sin embargo, una vez que reconocieron que ellos mimos tampoco son infalibles, pudieron dejar de un lado su autojustificación, y descubrir al mismo tiempo el perdón para sí mismos y para los demás.

LA HISTORIA DE JOEL DORKAM, un buen amigo mío que vive en el Kibutz Tsuba en Israel, nos ofrece una perspectiva algo diferente. Plantea una pregunta que oímos de muchas personas que sufrieron en el curso de la historia: ¿No hay límite al perdón?

Joel nació en Alemania en 1929, el año fatídico del colapso financiero y económico que contribuyó a llevar a los nazis al poder...Su familia era acomodada, y la vida era buena hasta que el fascismo se hizo sentir más y más. Al igual que muchos judíos alemanes, al principio el padre de Joel no tomó muy en serio a los nazis – "Hitler no puede durar; es un maniático", decían – pero cuando fue nombrado canciller, siguieron el consejo de buenos amigos y emigraron a Francia.

Cuando estalló la Segunda Guerra Mundial todo se vino abajo. Yo ya no sólo era un extranjero; era alemán, por lo tanto era un "enemigo"...Francia fue ocupada por el ejército alemán, y al poco tiempo la *Gestapo* (policía secreta del Estado) estaba haciendo arrestos...Por suerte pudimos escondernos con la ayuda de amigos franceses.

Finalmente, mis padres decidieron que la única esperanza de sobrevivir era escapar y cruzar la frontera hacia España a pie, clandestinamente. Papá apenas se había repuesto de un ataque de artritis. Tuvo que atravesar los Pirineos apoyado en dos bastones y parte del tiempo cargado a cuestas por nuestro guía...Una y otra vez nos rogaba que lo dejásemos atrás...La Guardia Civil (la policía fronteriza española) nos dejó pasar, al igual que la mayoría de los casi 10.000 judíos que cruzaron la frontera ilegalmente. Habernos devuelto a Francia habría significado la muerte segura...

Una vez en España, después de una breve separación, la familia pudo reunirse en Madrid. Cuando llegó el momento de tomar una decisión acerca de su destino definitivo resolvieron emigrar a Palestina.

Hacia el final de la guerra, en 1944, las condiciones en el nuevo país eran duras...Me matriculé en una escuela vocacional y me hice mecánico de autos. La escuela había sido destinada a acoger niños judío-alemanes rescatados de Europa, pero cuando llegué ya no quedaban niños para rescatar. La mayoría de los estudiantes eran *sabras,* muchachos lugareños; y yo, con mi pasado de judío alemán asimilado, y con mi escaso conocimiento de las costumbres y tradiciones judías, otra vez era diferente, ajeno...

Más tarde luché en la Guerra de Liberación de Israel, y me integré al Kibutz Tsuba (cerca de Jerusalén) con Sarah, mi futura esposa, una *sabra* pelirroja nacida en Israel. Hice una solemne promesa de no vagar más. Éste iba a ser mi hogar para el resto de mi vida...y trataría de ayudar a otros inmigrantes que pasaron por dificultades semejantes a las mías...

Había aprendido, aunque fuese a golpes, que todos dependemos unos de otros, especialmente en tiempos duros. Había descubierto la importancia de prestar ayuda práctica, de ofrecer una palabra de aliento. Había reconocido que en todas partes hay gente buena y mala y que la mayoría somos una combinación de los dos...

A pesar de todo el sufrimiento que los alemanes nos causaron a mí y a mi familia, he hecho todo lo posible para forjar nuevos lazos con gente alemana...

Naturalmente no podremos olvidar jamás a los 6 millones de judíos, entre ellos 1.5 millones de niños inocentes, que fueron torturados y exterminados por los nazis y sus aliados. Quizás podamos reconciliarnos con la Alemania de hoy, pero ¿cómo olvidar que en la hora más oscura de la historia, en la hora de nuestra mayor desesperación, se nos dejó sufrir y morir desamparados, sin ninguna ayuda por parte de las presuntas potencias mundiales?…

Si perdonar significa renunciar al odio ciego y a los sentimientos de venganza, esto sí es posible. Pero ¿quiere decir que debemos perdonar a los monstruos que cometieron las peores atrocidades en la memoria de la humanidad?

Yo podría perdonar a los que quedaron indiferentes y a los que no se atrevieron a levantar la voz. Sé que hacía falta mucho coraje para resistir a las autoridades y oponerse al terror que impusieron los nazis. Pero también sé que miles de personas honradas arriesgaron la propia vida, y en muchos casos la de sus familias, por ayudar y esconder a judíos.

¿Será posible perdonar a Hitler y a sus secuaces, a sus comandantes y soldados de la SS, sus guardias de los campos de exterminación, sus oficiales de la *Gestapo*? ¿Será posible perdonar a los torturadores y asesinos que mataron de hambre, a tiro de metralla y con gases a cientos de miles de niños, mujeres y hombres indefensos?

Puedo perdonar a los soldados que pelearon contra nosotros en las guerras, aunque haya sido por motivos erróneos…Puedo perdonar a gente que lucha para protegerse o para reclamar sus derechos, aunque estén equivocados o hayan sido engañados. Pero ¿no tiene límites el perdón?

HIJO DE PADRES MEXICANOS, **Roberto Rodríguez** se crió en Los Angeles. Es autor de varios libros y de una crónica que se publica regularmente en periódicos de todo el país. Hace unos veinte años, cuando presenció y fotografió el brutal apaleamiento de otro joven en una calle de Los Angeles, Roberto fue apaleado por cuatro o cinco policías. Sufrió una fractura del cráneo, hospitalización y encarcelamiento. Se le acusó de haber intentado matar a los agentes policiales que por poco lo mataron a él. Más de una vez recibió amenazas de muerte y tuvo que pasar por dos procesos judiciales que duraron más de siete años. No debe extrañarnos que ha sido diagnosticado de sufrir de *post traumatic stress disorder* (PTSD, o Desorden de Estrés Post Traumático).

Es éste el contexto en el cual escribe Roberto Rodríguez acerca del perdón. Las víctimas de abusos de esta índole sufren la última ignominia – la deshumanización. Para que puedan sanar, es necesario invertir el proceso. Y el primer paso, que es de fundamental importancia, es el de perdonar a los que los maltrataron.

> Ahora bien, ¿he perdonado, o tengo que perdonar a aquellos agentes policiales que casi me quitaron la vida, que me amenazaron, aquellos que en medio de la noche me hicieron pensar que me llevaban a mi último destino? ¿He perdonado a esos policías que me persiguieron constantemente y me arrestaron bajo cualquier pretexto, a aquel fiscal que me citó ante la corte con falsas acusaciones, o a esos otros fiscales que trataron de eliminarme? ¿He perdonado a aquellos políticos que crearon este ambiente y que no querían verme ni pintado cuando les pedí ayuda, o a los periódicos que me presentaron como criminal? ¿Y qué de mi propio abogado, que abandonó mi caso siete años después del incidente, cuando faltaban dos días para el juicio? ¿Acaso le he perdonado a él?…
>
> He descubierto que sólo si me encauzo hacia mi propia re-humanización tengo esperanza de sanar. Re-humanización es la antítesis de deshumanización. Para mí, la re-humanización va más allá del perdón, aunque estimo que el perdón, que creo ya haber acordado en mi espíritu, es un elemento crítico en el proceso de la re-humanización.
>
> No seremos realmente humanos mientras tengamos odio por dentro, mientras estemos consumidos por enfado o amargura y guardemos rencores. El hecho es que estas emociones definen nuestra vida. Nos despojan de la plena y verdadera vida humana. Para la recuperación de todos aquellos que han sido brutalizados

y deshumanizados, resulta fundamental que se deshagan de estas debilitantes emociones. Pero no basta dejarlas atrás; hay que indagar al mismo tiempo qué significa ser humano...

En el pasado, el odio controlaba y consumía *mi* vida, no la de mis atormentadores. Si hoy me encontrara con alguno de ellos, no sé como reaccionaría. Sospecho que siguen atormentando y brutalizando a otros. Con todo, en mi proceso de recuperación me he dado cuenta de que hasta debería estarles agradecido, porque si no fuera por sus acciones, no sé cuál habría sido el curso de mi vida. Si no hubiese pasado por esos traumas, tal vez hoy no estaría escribiendo, cantando o pintando; seguramente no habría llegado a conocer a todas aquellas personas tan especiales que antes del asalto no fueron parte de mi vida.

A veces me pregunto: ¿Adónde se han ido mi amargura y mi odio? ¿Será que han desaparecido porque dos veces salí victorioso del tribunal? Otras veces se me ocurre que mi odio y mi amargura han sido archivados en algún rincón de mi subconsciente, allí donde se guardan los recuerdos malos...

Cosa extraña – me parece que soy yo el que he tenido suerte. Salí victorioso de mis juicios federales y criminales, y los agentes policiales quedaron convictos de haber violado mis derechos civiles. Desgraciadamente conozco a muchos que han sido brutalizados como yo. Para algunos el único consuelo ha sido que las acusaciones en contra suyo fueron anuladas. Pero muchos más, los de los barrios y de los guetos de América, son cruelmente apaleados e internados en hospitales, o arrastrados a comisarías y prisiones bajo el pretexto de haber "asaltado a un agente". ¿Qué consuelo tienen ellos? – ¿Que no los mataron?...

¿Pueden ellos perdonar? ¿Están siquiera en condición de perdonar? Más que perdonar, lo que les hace falta es ser tratados, y como parte de ese tratamiento deberían exigirse, a guisa de justicia, las disculpas por parte de la sociedad. Aun así, la justicia sola no es suficiente ni provee la ayuda médica necesaria para sanar a todos ellos. Por nuestras calles vagan decenas de miles de jóvenes heridos, iracundos y rapaces – hermanos y hermanas que sufren por la injusticia y la falta de tratamiento médico y están a un paso no más de la cárcel o de la muerte propia o ajena.

La brutalidad y la injusticia engendran el odio y el rencor. Añadiré que matan al espíritu, terminando en lo que algunos llaman la "pérdida del alma", es decir, la deshumanización total... Entonces parecería que el perdón no viniera al caso; hasta podría considerarse un lujo. No puede exigirse perdón sin curación física, mental y espiritual, y sin restablecer condiciones justas. Sin justicia sería una victoria sin reparación.

Sin embargo, precisamente porque reina la injusticia, y precisamente porque estas condiciones seguirán existiendo en un futuro previsible, es menester que los que han sido brutalizados y deshumanizados se sanen sin esperar que el gobierno les ayude o les pida disculpas. Necesitan tratamiento profesional y necesitan encontrar su propio cauce hacia su propia re-humanización. Desde luego, los que pueden ayudarles en ese proceso tienen la obligación de hacerlo. De lo contrario, las víctimas quedarán condenadas a un infierno de constante tormento y amargura. Al igual que el perdón, la re-humanización no requiere disculpas ni justicia; pero esto no significa que dejemos de luchar por la justicia.

Si el perdón ayuda a los que han sido brutalizados – y yo creo que de hecho ayuda – entonces tiene que ser integrado en el proceso de su re-humanización. Sin embargo, perdonar no significa cruzarse de brazos e irse contento a casa. Significa, eso sí, que en el afán de recuperar la propia humanidad y los propios derechos se rechace todo sentimiento de ira, odio y amargura. Pues como bien lo sabe el que ha perdonado, es más sosegado vivir capaz de reírse y sonreírse, que vivir lleno de resentimientos.

Con todo, debemos añadir que hace falta no sólo tratar al que ha sido brutalizado o traumatizado. También hay que tratar al agresor, al violador. Esto lo hemos aprendido de los excombatientes que han matado, de los soldados que han torturado...

¿Perdonar? ¡Evidentemente! Pero todavía hay que rezar mucho para que todos aquellos que siguen atormentando a otros seres humanos sean curados de su propia deshumanización.

En una sociedad que pone el énfasis sobre el individualismo y el instinto de preservación, perdonar es algo que se trata de evitar y hasta se desprecia. Incluso, se considera señal de debilidad. Nos enseñan a reclamar nuestros derechos y defenderlos, no a cederlos. Sin embargo, Jesucristo se entregó "hasta la muerte". ¿Y no deberían los que dicen ser sus discípulos estar dispuestos a hacer lo mismo?

Sabemos lo que contestó Jesús cuando uno de sus discípulos le hizo una pregunta similar a la de Joel: ¿No tiene límites el perdón? (S. Mateo 18.21–22). Y sabemos que sus palabras eran más que retórica: Jesús vivió una vida de perfecto perdón y amor sin límites; de ahí que podía contestar tan sencilla y directamente. Para nosotros no es suficiente citar el evangelio. Como lo demuestra la historia de Joel y la de Roberto, cada uno debe meditar sobre lo que el perdón – ese enigma antiguo – significa para su propia vida. Sólo se puede resolver dentro del corazón y a través de la vida de cada uno.

9 "BENDIGAN A LOS QUE LES PERSIGUEN"

Ante algunos pensamientos, uno se queda perplejo, especialmente al ver el pecado del ser humano; y uno se pregunta si debe usar fuerza u optar por amor humilde. Decídete siempre a usar el amor humilde. Si de una vez por todas te decides por esto, podrás someter al mundo entero. La humildad unida al amor posee una fuerza maravillosa, más poderosa que ninguna otra cosa, y no hay como ella.

FEDOR DOSTOIEVSKI

EN EL SERMON DEL MONTE, Jesús nos dice que debemos amar a nuestros enemigos; más aun, dice que debemos "bendecir" a los que nos persiguen. Además, dice que no debemos resistir el mal con el mal, sino volver la otra mejilla e ir la segunda milla; enfrentar la violencia con la paz, y el odio con el amor. Y nos lo demuestra de la manera más clara e inconfundible mediante sus palabras en la cruz: "¡Padre, perdónales porque no saben lo que hacen!" Esteban, el primer mártir cristiano, al morir también oró por sus enemigos: "Señor, no les tomes en cuenta este pecado."

Ilse von Koeller, afiliada de mi iglesia, se salvó de la muerte durante la Segunda Guerra Mundial sólo porque era capaz de perdonar. La guerra ya había comenzado cuando Ilse y Ulrich se casaron. En octubre de 1942 nació Martina, su primera hija. Ilse era feliz. Aunque sabiendo que Ulrich estaba en el frente ruso y tal vez nunca lo volvería a ver, por lo menos tenía a su hija.

En 1944 ya era obvio que Alemania estaba perdiendo la guerra. El bombardeo de las ciudades aumentó; con los ataques por el este y el oeste, las fuerzas rusas y americanas poco a poco llevaron a Alemania a la ruina. Al acercarse el combate a Cracovia, donde Ilse vivía con Martina, ella y sus amigas sabían que pronto iban a tener que huir de la ciudad.

Pero, ¿dónde escondernos cuando lleguen los rusos? Junto con otras mujeres, nos fuimos a remo hasta una isla en el lago. Encontramos una choza sin puerta ni ventanas, pero por lo menos tenía un techo. Ahí nos quedamos unos días, hasta que alguien nos delató. Veinte soldados rusos hicieron una incursión en la isla. El líder ordenó que le prestáramos atención, y un intérprete tradujo: "Ustedes se escondieron aquí porque no querían quedarse en Cracovia. Son simpatizantes del partido de Hitler. Tengo órdenes de fusilarlos."

"¡Tú!" el líder me señaló a mí. "Tu nombre, ¿ y dónde está tu esposo?"

"Ilse von Koeller de la Pomerania Oriental. Mi esposo está en el frente ruso."

Hice una mueca al decir mi nombre. Ser alemana era malo, pero ser aristócrata como lo indicaba mi apellido, era peor todavía. En 1918 habían fusilado a la aristocracia rusa entera.

Tuvimos que hacer fila con la espalda contra la pared de la choza. Cinco soldados se pararon frente a nosotras con sus fusiles. El líder contó mientras apuntaban. Mi único pensamiento era: ¿Qué le pasará a mi hijita cuando yo esté muerta? Agarré a mi bebé en mis brazos; la tendrían que matar junto conmigo. No podía dejarla sola a la merced de estos soldados brutales. La apreté contra mi corazón y miré al líder con toda calma. Sin odio ni temor, sin pedirle compasión, le dije en voz baja: "Estoy lista. Cumpla su deber."

El líder nos miró a mí y a Martina. La expresión de su cara cambió. Momentos antes había sido rígida y fría, ahora miraba a mi bebé casi con cariño. ¿No era ésta la tierna y bondadosa mirada que yo había visto en los ojos de mi esposo cuando se fue al frente?

El líder habló a sus hombres, que bajaron sus armas y se dieron vuelta. El intérprete dijo: "Esta niña te ha salvado la vida." Al instante, la tensión que había reprimido se desbordó. Perdí el control; se me aflojaron las rodillas; estuve temblando de pies a cabeza. Mis dientes me castañeteaban, y no pude hablar. Me sentí completamente vacía. Un soldado trató de calmarme y me ofreció un cigarrillo, pero no pude tomarlo porque mis manos temblaban demasiado.

Entonces el líder les ordenó a sus hombres que abandonaran la isla, y con un gran alivio los vimos irse remando. No podía odiarlos ni maldecirlos. Más bien sentí una extraña compasión por estos hombres.

En los meses siguientes, Ilse tuvo que enfrentar nuevos peligros, y a veces la ayuda vino de una manera inesperada e inconcebible:

Un soldado borracho me tiró al suelo. Lo empujé con todas mis fuerzas. Su cara, grosera y llena de lujuria, pegada tan cerca a la mía, me llenó de horror y repugnancia. Quería odiarlo con todo mi ser, y maldecirlo; pero de repente vi en su cara el sufrimiento de toda la humanidad. Me abrumó un profundo sentimiento de compasión, un sentimiento que nunca antes había conocido. ¿Acaso no era él, también, una víctima de esta guerra horrible y despiadada?

El soldado notó mi calma y se asombró. Sus brazos, que me tenían en un agarre férreo, aflojaron un poco y, en ese instante, pude zafarme y me escapé. Enfurecido, me gritó: *"Frau, komm! Frau, komm!"* (¡Mujer, ven!) Esas palabras las conocían todos los soldados rusos. Silbaron las balas, pero escapé ilesa.

Juntos una vez más, los von Koeller sobrevivieron a la guerra. Ulrich murió en 1970 después de una larga enfermedad. Las aflicciones de Ilse todavía no habían acabado. En 1984 le descubrieron un tumor en la base del cerebro. Era benigno, pero la incisión para extirparlo le dejó paralizado un lado de la cara. Ella, que había sido una mujer muy atractiva, ahora padecía de una desfiguración facial, le costaba tragar y controlar la lengua al hablar. No obstante, como siempre, aceptó su suerte con una firmeza inquebrantable y no se dio por vencida. Cuando el cirujano se disculpó por los resultados de la operación, ella le contestó: "Se lo perdono." Ilse vivió once años más, valiente y alegre hasta el final.

MUCHA GENTE ridiculiza el mandamiento de Jesús de perdonar a nuestros enemigos como una insensatez auto-destructiva. ¿Cómo vamos a abrazar a quien nos quiere hacer daño, o intenta destruirnos? El amor de Jesús no conoce límites. Se extiende mucho más allá de los lindes de la justicia y equidad humanas. Vence todo lo que se halla en su camino, tanto lo bueno como lo malo; transforma y redime toda situación que, de lo contrario, no tendría ninguna esperanza. Cuando amamos a alguien que nos odia, no se trata de una emoción pasajera, sino de un poder divino que reemplaza nuestra reacción humana (que quiere defenderse peleando) con un amor que da vergüenza al alma de nuestro enemigo.

En la primavera de 1965, cuando marché con Martin Luther King Jr. en Marion (Estado de Alabama), pude observar de primera mano su profundo amor y su humildad ante una terrible injusticia. Yo estaba visitando a viejos amigos en el Instituto Tuskegee cuando nos enteramos de la muerte de Jimmie Lee Jackson. Jimmie era un joven que ocho días antes fue gravemente herido por un disparo cuando la policía de Alabama interrumpió un mitin en una iglesia de Marion, cayó sobre el pueblo y atacó a porrazos a los manifestantes. Quienes presenciaron el incidente, describieron una escena caótica. Los espectadores blancos rompieron cámaras fotográficas y destruyeron el alumbrado público, mientras la policía atacó brutalmente a hombres y mujeres, algunos de los cuales continuaban orando de rodillas en los escalones de la iglesia. El crimen de Jimmie fue tirarse encima de un policía que estaba golpeando despiadadamente a su mamá; su castigo consistió en un disparo al estómago y una carga de macanazos en la cabeza que lo dejaron casi muerto. Le negaron admisión en el hospital más cercano y tuvieron que llevarlo a Selma (Alabama). Allí pudo contar su historia a los reporteros. Murió pocos días después.

Al recibir la noticia de la muerte de Jimmie, fuimos a Selma sin demora. El velorio en la Capilla Brown era con el féretro abierto, y aunque la funeraria había tratado de disimular sus heridas, las heridas en la cabeza de Jimmie no se podían disimular. Tres golpes mortíferos, cada uno de una pulgada de ancho por tres de largo, aparecían encima de una oreja, en la base del cráneo y sobre la cabeza.

Profundamente conmovidos, asistimos al primero de dos servicios fúnebres. Alrededor de tres mil personas llenaban de bote en bote el recinto. Muchos tuvieron que quedarse de pie afuera. Nosotros nos sentamos al fondo, en el antepecho de una ventana. En ningún momento oímos aunque sea una sola palabra de ira o venganza. Al contrario, un espíritu de valentía emanaba de la congregación, especialmente cuando cantaron la vieja canción de los esclavos, *"Ain't gonna let nobody turn me around"* (Nadie me va a hacer abandonar la causa).

Luego, en la iglesia metodista Zion de Marion, el ambiente era mucho más sosegado. Al cruzar la calle, a lo largo del pórtico del edificio del juzgado, había una larga fila de policías que, garrote en mano, nos miraban fijamente. Eran los mismos que habían atacado a los ciudadanos negros de Marion pocos días antes. La multitud de blancos reunidos frente al edificio municipal cercano no era menos amenazadora. Armados con binoculares y cámaras, nos fotografiaron y escudriñaron tan minuciosamente que nos sentimos como que cada uno de nosotros había sido fichado.

En el cementerio, King habló del perdón y del amor. Suplicó a su pueblo que orara por los policías, que perdonara al asesino, que perdonara a los que lo persiguen. Después nos tomamos de las manos y cantamos *"We shall overcome"* (Venceremos). Fue un momento inolvidable. Si jamás hubo motivo para odio y venganza, fue aquí; pero no se sentía ningún odio, ni siquiera de parte de los padres de Jimmie.

Ir a Selma no iba a ser sin peligro. Sólo cuatro días después del entierro, unos manifestantes que marcharon camino a Montgomery (Alabama) fueron enfrentados con gases lacrimógenos, y policías montados que les echaron los caballos encima y los azotaron brutalmente. Tres días después, un clérigo de Boston, James Reed, fue asesinado en Selma; y luego una mujer blanca de Detroit, Viola Liuzzo, murió de un disparo cuando llevaba en su auto a un hombre negro de regreso a su casa después de una marcha. (La semana anterior, nosotros hicimos algo muy similar cuando llevamos en nuestro coche a tres señoras que tenían que ir a Marion.)

Años después, me conmoví al enterarme del extraordinario acto de perdón por parte de los niños de Selma en aquellos días de febrero de 1965. Los estudiantes locales habían organizado una marcha pacífica para después de las clases, cuando llegó *Sheriff* Clark, el notorio comisario de la localidad. Él y sus subalternos empezaron a empujar y puyar a los niños con las puntas de sus garrotes. Al principio, los niños y niñas pensaban que los hombres de Clark los llevaban a la cárcel, pero pronto quedó claro que iban camino a un campo de prisioneros a casi cinco millas de distancia. Los hombres no se ablandaron hasta que los niños vomitaron. Luego alegaron que sólo querían terminar para siempre con la "fiebre de marchar" en Selma.

Unos días después de ese incidente hospitalizaron a Clark con dolor en el pecho. Por increíble que sea, los estudiantes de Selma organizaron una segunda marcha frente al tribunal, esta vez cantando y orando, y llevando carteles deseándole que mejorara pronto. Podemos o bien enternecernos o bien mofarnos de un acto semejante; sea como fuere, era de niños como éstos que habló Jesús cuando dijo: "Bienaventurados los pacificadores."

CHRISTIAN DE CHERGÉ era prior de un monasterio trapense en la sierra de Argelia, cuando un grupo islámico radical (GIA) lo secuestró a él y seis de sus hermanos. La GIA les amenazó con tenerlos rehenes hasta que Francia soltase a algunos de sus compatriotas encarcelados. Cuando el gobierno francés se negó, la GIA degolló a los monjes.

Dos años antes del secuestro, Christian de Chergé tuvo el extraño presentimiento de que pronto sufriría una muerte violenta. Escribió una carta en la cual perdonó a sus futuros asesinos, la selló y la dejó con su madre en Francia. No fue descubierta hasta después de su muerte, y dice en parte:

> Si llegase el día, y podría ser hoy mismo, que yo caiga víctima del terrorismo que ahora amenaza a todos los extranjeros residentes en Argelia, yo quisiera que mi comunidad, mi iglesia y mi familia recuerden que mi vida fue entregada a Dios y a Argelia; y que acepten que el único Señor de toda vida no ha sido ajeno a esa partida brutal.
>
> Cuando llegue la hora, quisiera tener un momento de claridad que me permita rogar por el perdón de Dios y de mis prójimos y al mismo tiempo perdonar de todo corazón al que me arrebate la vida.

Yo no deseo una muerte así – me parece importante decirlo. ¿Cómo podría regocijarme si el pueblo argelino, a quien amo, fuese acusado indiscriminadamente de mi asesinato?

Por supuesto mi muerte aparentará corroborar a los que se apresuraron a juzgarme como ingenuo o idealista: "¡Que nos diga él lo que piensa ahora!" Pero han de saber que al fin mi anhelo más profundo será realizado. Si Dios quiere, podré sumergir mi mirada en los ojos del Padre para ver a sus hijos del Islam como él los ve, llenos del don del Espíritu Santo…

Y tú también, mi amigo del último momento, que no sabías lo que estabas haciendo. Sí, también por ti doy gracias y te digo adiós; te encomiendo a Dios en cuyo rostro veo el tuyo. Quiera Dios, el Padre de ambos, que nos encontremos como "buenos ladrones" en el Paraíso. Amen. *¡Insha'Allah!*

Este prior y sus hermanos no sólo eran valientes misioneros que enfrentaron la muerte por libre voluntad; de ésos ha habido muchos. Estos hombres estaban imbuidos con un espíritu de humildad poco común: el espíritu de amor y de perdón que tiene el carácter de Cristo.

HAY POR DOQUIER pueblos y naciones cuyos conflictos, tanto internos como externos, no podrán resolverse sino mediante la reconciliación. Un ejemplo entre muchos es el estado mexicano de Chiapas, cuya población indígena sufre de manera indecible. En diciembre de 1997 tuve el privilegio de conocer a Monseñor Samuel Ruiz García, obispo de San Cristóbal de las Casas. Le pregunté cómo sobrellevaba él la violencia, el abuso y la injusticia que sufre su pueblo, amén de que lo hostigan por defender a las masas oprimidas. Me contestó:

Personalmente, para mí no es problema, ya que nunca he considerado a un hermano mío como enemigo. Realmente no puedo decir que éste o aquél es mi enemigo; de modo que el problema que tengo yo es cómo perdonar a mis enemigos si no tengo enemigo.

Cuando se ama a toda la gente, cuando se entiende que el desasosiego de sus corazones es consecuencia de su poder, de su propia posición política, entonces se sabe que no son todos malos, sino que se interesan más por las cosas materiales que por los seres humanos, que el precio del oro es más alto que el precio de la persona.

Acerca del tema de paz en la tierra, tan íntimamente relacionado con el del perdón, Don Samuel comentó:

La paz viene también del pobre, porque el pobre tiene que ver con la justicia. Ser pobre significa serlo como resultado de un conflicto social…La presencia del pobre es una presencia sacramental de Cristo,…porque él mismo dijo que la única y última pregunta que se nos va a hacer es la pregunta del amor a Cristo. "Tuve hambre, y me dieron de comer. Tuve sed, y me dieron de beber." ¿Cuándo? "Cuando lo hicieron con estos hermanos míos, lo hicieron conmigo."…En este sentido el pobre está en el centro del camino de la paz, está en el centro del camino de la justicia…Y en este sentido nosotros en esta diócesis tenemos la riqueza del pobre, porque tenemos el 75% de hermanos indígenas.

Sólo días después de esta conversación estuvimos profundamente acongojados por la noticia del masacre de 45 personas – la mayoría de ellas mujeres y niños – el día 22 de diciembre de 1997 en el pueblo chiapaneco de Acteal. Cuando el padre Pedro Arriaga, sacerdote y amigo de los fieles de la región, nos honró con su visita en el mes de julio siguiente, se dio la ocasión de una entrevista de la cual citamos las siguientes palabras:

Vivo entre los afectados por la masacre de Acteal, y en ningún momento he sentido que odien o quieran vengarse de quienes les agredieron. Han buscado por las vías legales que se indemnice a los deudos, se haga justicia y se aprehenda a los culpables. Pero en ningún momento se expresan con rencor.

Me doy cuenta de que en los hechos, como personas, muestran en su actitud un espíritu de servicio, buscan formas de reconciliación, y mantienen sus servicios comunitarios.

Sin duda la actitud pacífica y moderada de gran parte del pueblo indígena de México se debe a la orientación que recibe de sus guías religiosos. En agosto del año 1996 el mismo Mons. Samuel Ruiz junto con Mons. Raúl Vera López publicó una Carta Pastoral bajo el título "Para que la justicia y la paz se encuentren". Los extractos citados nos dan la medida de su convicción acerca del significado del perdón. Bajo el rubro "Vencer al mal a fuerza de bien" dice la Carta Pastoral:

Una de las grandes preguntas del cristiano...es la referente al uso de la violencia como método legítimo para defender los propios derechos...Los seguidores de Jesús están llamados a una nueva vida que es: dar, aún al adversario, más de lo que pide como una muestra de reconciliación, de valoración del otro encima de los bienes materiales...y reconocer lo absurdo de enemistarse con él. Es también perdonar indefinidamente. Es no oponer resistencia ante quien te agrede, para mostrar tu dignidad de persona que no se rebaja ni ante la agresión, sino que sabe responder con amor y dignidad...

Amar y perdonar no significa quedarse callado y dejar que otros pasen por encima de los derechos de la persona. Tampoco significa no defender los derechos básicos de la vida, la salud, el trabajo, etc. Jesús mismo nos enseña que no es lo mismo perdonar al enemigo que tolerar que él siga en su error...[Debemos] responder al mal con el bien y darle la oportunidad al hermano de que salga de su error, de que supere su actitud injusta por medio de mi respuesta justa...

La actitud del cristiano debe introducir una novedad en la vida social. Esta novedad no es sólo ética o un imperativo, es la tarea de vencer...el mal haciendo el bien.

La situación de Israel no es menos necesitada de reconciliación. Mi primer viaje a ese país desgarrado por la guerra fue en 1988, cuando conocí a Elías Chacour, un sacerdote del rito bizantino además de ser un activista palestino que desde hace muchos años trabaja sin tregua por la paz. Nuestra amistad continúa hasta el día de hoy, y en dos ocasiones Elías ha visitado nuestras comunidades.

Sería lógico suponer que Elías estuviera amargado. Desde 1947, cuando su aldea natal fue destruida, ha sido un "hombre sin patria"; fue encarcelado más de una vez, y ha aguantado años de hostigamiento y abuso a manos del gobierno israelí. No obstante, Elías es una de las personas más amables, humildes y compasivas que conozco. Durante su visita a nuestra comunidad en Inglaterra, nos recordó:

> Si me llamo un hijo de Dios, si mi corazón está lleno de perdón hacia los judíos, los zionistas, los soldados que le rompieron los huesos a mi hermano y encarcelaron a mi padre, entonces puedo ir a aquel judío y decirle la verdad en la cara; y aunque me repugne su injusticia, él sentirá que lo amo...Prefiero llamarlo a convertirse, en vez de cambiar de lugar con él y oprimirlo a mi vez. ¡Dios me libre! El mensaje del Hombre de Galilea es el amor.

OTRO AMIGO PALESTINO, Bishara Awad, director del instituto bíblico de Belén, ha sufrido su porción de injusticias como tantos otros de ambos lados del conflicto israelí-árabe. Hace poco, me contó que toda su vida ha luchado por perdonar:

En 1948, durante la terrible guerra entre árabes y colonos judíos, murieron miles de palestinos y muchos más se quedaron sin techo. Mi familia no se salvó. A mi padre lo mató una bala perdida, y no había un lugar decente para enterrarlo. Nadie podía salir de la zona por temor a que le dispararan por un lado u otro. No había ni sacerdote ni pastor para hacer una oración. Mamá leyó un pasaje de la Biblia, y los hombres que estaban presentes enterraron a mi padre en el patio. No había forma de llevarlo al cementerio en la ciudad.

Así fue que a los veintinueve años mamá quedó viuda, con nueve hijos. Yo sólo tenía nueve años. Estuvimos atrapados durante semanas por fuego cruzado, sin poder salir de nuestro cuarto en el sótano. Entonces una noche el ejército jordano nos forzó a salir corriendo hacia la Ciudad Vieja. Ésa fue la última vez que vimos nuestra casa. Nos fuimos corriendo, sin más que la ropa que llevábamos puesta; algunos estábamos en pijama…

Más tarde, Bishara fue a los Estados Unidos de Norteamérica para estudiar. Se hizo ciudadano americano. Luego regresó a Israel y consiguió empleo como maestro en una escuela cristiana. Recordando el pasado, dice:

Durante ese primer año yo estaba frustrado…Muy pocos de los estudiantes se convirtieron a Dios, y parecía que mis esfuerzos eran en vano. El odio contra los opresores judíos iba aumentando; todos mis estudiantes eran palestinos, y todos habían sufrido lo mismo que yo…Yo era incapaz de ayudar a mis alumnos porque el mismo odio estaba en mí. Lo había guardado desde niño sin tan siquiera darme cuenta. Dios no me podía usar, y ahora sabía por qué.

Aquella noche, con sollozos, imploré a Dios que perdonara mi odio contra los judíos, un odio que había dominado mi vida. Esa misma noche sentí la presencia de Dios…Él me quitó mi frustración, mi desesperación y mi odio, y los reemplazó con su amor.

Lejos de volvernos débiles y vulnerables, el perdón nos capacita para la vida y el trabajo. Mediante el perdón se resuelven las situaciones más difíciles, porque deja de lado los problemas del castigo y de la justicia humana, y da al alma la paz verdadera. Es más: pone en movimiento una reacción en cadena que trae los frutos de nuestro perdón a los demás. Una vez que reconozcamos cuánto necesitamos que se nos perdone, nos daremos cuenta cuán grande es el amor de Dios para con nosotros, y sabremos que tenemos la obligación de ofrecerlo a otros.

10 PERDONAR A DIOS

No pretendamos poder eliminar todo sufrimiento,
ni tampoco tratemos de soportarlo con estoicismo. Se
puede aprovechar el sufrimiento para gloria de Dios.
No son las circunstancias exteriores de la vida, sino
nuestra actitud interior frente a las mismas que decide
si somos felices o infelices.

EBERHARD ARNOLD

CUANDO HABLAMOS de perdonar, por lo general pensamos en perdonar el mal que nos hacemos unos a otros, o en el perdón de Dios por nuestros pecados. Pero a veces nosotros acusamos a Dios, haciéndolo responsable por permitir que suframos sin aparente razón o justificación alguna. Nos rebelamos y protestamos: ¿Cómo puede permitir esto un Dios misericordioso? Rehusamos aceptar nuestra suerte y, amargados, le damos la espalda.

¿Podemos nosotros "perdonar" a Dios? La respuesta consiste en abrir el corazón y aceptar su voluntad. Aunque Dios permita que suframos, no creo que sea su voluntad hacernos daño. Más bien, parece que él permite que pasemos por pruebas, a veces por largos períodos de angustia, para que nos acerquemos a él. Cuando podemos hacer esto con humildad, sin enojarnos o amargarnos, su propósito a menudo se revela claramente.

En mi propia vida me encontré frente a una situación frustrante cuando menos preparado estaba para ello. Había estado en una excursión de pesca en el norte del Estado de Nueva York, que fue un fracaso en cuanto a la pesca pero una bienvenida ocasión de escapar por unos días de las presiones del trabajo.

Al volver a casa, me di cuenta que estaba perdiendo la voz. No le hice caso al principio; esto desaparecería en unos pocos días. Pero no mejoré, y me mandaron a ver a un especialista, que diagnosticó parálisis de una cuerda vocal. Me aseguró que recobraría la voz, pero pasaron las semanas y luego los meses, y no hubo ningún cambio. Recomendó descanso total para la voz; ni susurrar debía. Hasta entonces, realmente no me había preocupado mucho de que podría perder la voz para siempre. Ahora empecé a dudar si jamás volvería a hablar.

Peor aún, la comunidad desesperadamente necesitaba liderato. Se hallaba en medio de una especie de crisis, una época de profundo examen interior y renovación espiritual; pero durante semanas de animadas y a veces acaloradas discusiones tuve que quedarme callado, limitado a papel y lápiz. Por primera vez, me di cuenta del gran don que es poder hablar. Estaba frustrado y desanimado. Ni siquiera podía hablar con mi esposa o con mis hijos; tenía que escribírselo todo. De verdad, yo estaba enojado. Mi enojo me humilló, y entendí que Dios quería que me callara yo para oír lo que él tenía que decirme.

Tres meses después, me empezó a volver la voz; hoy mi voz es casi normal. Pero no he olvidado aquellas doce semanas, y recuerdo, una y otra vez, mi necesidad de buscar a Dios en momentos de crisis o frustración.

ANDREA, UNA MUJER de nuestra comunidad, luchó por aceptar contrariedades de muy diferente índole. Sufrió tres abortos naturales antes de tener una hija sana. Hubo momentos en que encontraba que su carga era demasiado pesada.

Neil y yo éramos tan felices. Llevábamos seis meses de casados y yo estaba embarazada. Pero una noche, poco antes de la Navidad, sentí un dolor intenso que rápidamente empeoró. Nuestro doctor quiso que me internara en el hospital…y se confirmó mi peor sospecha; probablemente iba a perder mi bebé. El dolor emocional era tanto o más intenso que el dolor físico. ¿Por qué, Dios mío? ¿Por qué a mí? ¿Por qué ya tienes que llevarte esta alma tan pequeña? ¿Qué mal he hecho yo?

Fue necesaria una operación para salvarme la vida. Perdí el bebé y estuve semanas convaleciendo. ¡Qué diferente aquella Navidad!

Agonizamos por nuestra pérdida y nos sentíamos solos en nuestro dolor. Cuando uno de nuestros parientes nos dijo: "¡Vamos! La próxima vez vas a tener más suerte", me sentí como si me hubiesen dado una bofetada. ¿Suerte? Acabamos de perder un bebé, un ser humano, ¡nuestro hijo!

Alguien me envió una tarjeta que decía: "El Señor da, el Señor quita, bendito sea el nombre del Señor." Eso sí que me indignó. ¿Cómo iba a dar gracias a Dios por esta experiencia horrible y dolorosa? No podía. Y no podía dejar de pensar que, de algún modo, Dios me estaba castigando, aunque no podía entender por qué.

Nuestro pastor me consoló: "Dios es un Dios de amor, no de castigo, y está presente para aliviar nuestro dolor." Me agarré de sus palabras como se agarra el que se está ahogando del salvavidas que le tiran desde la orilla. El amor y el sostén que me daba Neil también me ayudaron, y descubrimos que nuestro dolor nos unió de una nueva manera. Las palabras: "Por la noche nos visita el llanto, pero a la mañana viene la alegría", me consolaron, aún cuando no pude sentir que la alegría estaba por venir; más bien parecía que el amanecer no iba a llegar nunca.

Poco a poco, al pasar el tiempo y con la ayuda cariñosa de los que me rodeaban, empecé a sentir que esta experiencia tan profundamente dolorosa me dio una noción del amor de Dios. Le importa el sufrimiento de sus criaturas; él está a mi lado, acompañándome en mi dolor. Dios se volvió más real para mí, y pude confiar en su amor. Ya no tuve necesidad de comprender el porqué de lo que pasó.

Meses después quedé embarazada otra vez y esperaba fervientemente que todo saliera bien. No fue así. Otro dolor intenso, otro viaje al hospital, otra operación para salvarme la vida. Otra pequeña vida preciosa que se perdió apenas había comenzado. Una pena profunda me desgarró el corazón. Mi diario de aquellos días dice: "No entiendo – tal vez nunca podré entender. Necesito la seguridad de la fe…¡Ayúdame!"

Neil se quedó fielmente a mi lado…Un año más tarde, perdimos otro bebé no viable…Lentamente, en el curso de semanas y meses, el dolor se alivia un poco, aunque nunca desaparece del todo.

Hoy Andrea tiene una hermosa niña de seis años. Aunque el recuerdo de sus tres primeros bebés le trae un raudal de emociones, no está amargada. Considera su sufrimiento como una bendición, y dice que quizás sea por eso que aprecia tanto a su hijita. Pero más que nada, le ha enseñado a depender de Dios.

JONATHAN Y GRETCHEN RHOADS, una joven pareja de nuestra comunidad, se casaron en 1995. Al igual que todo nuevo matrimonio, aguardaban con impaciencia el nacimiento de su primer hijo. Alan nació al cabo de una preñez aparentemente normal, y no fue hasta después que le dieron de alta del hospital que los padres notaron algunos problemas. No comía bien y tenía un pobre tono muscular. Se quedaba muy quieto, casi sin moverse, y de vez en cuando hacía ruidos extraños con la respiración. Lo internaron inmediatamente en un hospital universitario cercano, pero cumplió tres meses de edad antes de que se entendiera su problema. El diagnóstico: probablemente nunca caminaría ni hablaría; era ciego y tenía serias anormalidades en las caderas, el oído, el estómago, hasta en el cerebro.

Los padres de Alan estaban desolados. Por algún tiempo habían sospechado que algo andaba mal, pero nunca hubieran creído que fuese tan malo. En seguida comenzaron a acusarse a sí mismos, y no pasó mucho tiempo antes de que empezaran a reñir con Dios: ¿Por qué a nosotros?

Jonathan me dice que estaba enojado, pero al indagar más a fondo no puede decir hacia quién está dirigido su enojo. ¿Hacia Dios? El titubea. ¿Hacia los médicos? Sin duda. ¿Hacia sí mismo? Sí, quizás, aunque no puede explicar por qué.

Una de las cosas que uno aprende rápidamente es a no comparar al propio hijo con los demás. El bebé del vecino pesa tanto como Alan, pero sólo tiene un tercio de su edad. No tiene dificultad en tomarse su biberón en quince minutos; para nosotros, cada 15 gramos representan un triunfo. ¿Por qué? No hay explicación. O bien Dios nos odia, o bien así es como Alan debe ser. Tal vez nunca entenderemos por qué, pero si nos llenamos de resentimiento, destruimos cualquier alegría que podríamos tener.

Cuando los padres de Alan me pidieron mi consejo en su desdicha, les aseguré que de ninguna manera eran ellos responsables del sufrimiento de su hijo. Les recordé que todo niño es un don de Dios, pero que Alan es un don muy especial; parecía que les había sido enviado para revelar misterios que de lo contrario quedarían ocultos. Deberíamos sentirnos afortunados de tenerlo entre nosotros, ya que nos puede enseñar muy valiosas lecciones de paciencia y compasión, y a través de ello, acercarnos más a Dios.

Aunque tomaron en serio lo que les dije, los padres de Alan todavía siguen luchando por perdonar. Hay momentos en que quieren salir corriendo, cuando simplemente no pueden soportar más visitas que les ofrecen palabras de lástima que carecen de sentido.

Al acercarse el primer cumpleaños de Alan, les esperaban nuevos dilemas. Últimamente se le hizo una traqueotomía y le pusieron tubos de alimentación, encima de una apendectomía. ¿Qué más tendrá que sufrir?

En un mundo que ofrece el "diagnóstico adelantado" (y la subsiguiente "terminación", o sea interrupción del embarazo), como "solución para los bebés imperfectos", los padres de Alan dan testimonio del valor de cada niño. Declaran que Alan no es una "anomalía genética"; es una persona, y tiene mucho que decirnos, y no están dispuestos a dejarlo ir. Gretchen escribe:

> Su manita trata de tocar mi mejilla a través de un enredo de cables. Cuando me inclino para levantarlo de la cama, sus párpados se abren un poco y me da una sonrisa soñolienta…En los once meses desde que nació, Alan ha estado hospitalizado once veces; hace tiempo que dejamos de contar las citas médicas. Cada vez regresamos a casa con más preguntas y menos respuestas, más lágrimas y menos certeza. Pero cuando se acurruca a mi lado y mira a su alrededor con curiosidad, se sonríe. Su aceptación es bálsamo para mi corazón.
>
> ¿Cuánto dolor más puede soportar? ¿Qué obstáculos nuevos tendremos que vencer? Su traqueotomía nos ha quitado las pequeñas aventuras que anticipábamos: darle los biberones, y la oportunidad de experimentar con comida sólida; no hay ni gorjeos de alegría ni llantos de frustración.
>
> Si sobrevive, nos dice el médico, puede que más adelante no necesite los tubos. *Si sobrevive.* Estas palabras nos parten el corazón; sin embargo, su sonrisa sigue dándonos esperanza. Él nos está enseñando a aceptar, y por lo tanto a perdonar, cada día.

Junio de 1999: Alan tiene casi tres años, y cada día nos trae nuevas sorpresas. Gracias a la fisioterapia, aprendió a caminar solo y
juega con otros niños de su edad. Le encanta la música y el canto.
Entiende ciertas palabras y frases tanto habladas como por se-
ñas. ¿Milagros? Sus padres creen que sí.

11 PERDONARNOS A NOSOTROS MISMOS

*Sin ser perdonados, sin ser liberados de las consecuen-
cias de nuestras acciones, nuestra capacidad de actuar
quedaría reducida, por así decirlo, a un solo acto del
cual nunca podremos recuperarnos, y de cuyas conse-
cuencias quedaremos víctimas para siempre, semejante
al aprendiz de brujo que no tenía la fórmula mágica
para romper el hechizo.*

HANNAH ARENDT

AUN CUANDO nos perdonen los demás, ¿podemos
perdonarnos a nosotros mismos? Muchas personas están tan atormentadas por sus propios actos
que ya no creen en la posibilidad de sanar; pero
aun estas almas afligidas pueden hallar una nueva esperanza.

Delf Fransham, un cuáquero canadiense, fue liberado de su
angustia brindando amor a quienes lo rodeaban. Al igual que
muchos de los que cuentan sus historias en estas páginas, Delf
fue sorprendido por una tragedia que transformó su vida, aunque en cierto modo su historia es muy diferente. La persona a
quien Delf tenía que perdonar era él mismo.

Cuando yo tenía trece años, Delf se mudó a nuestra comunidad sudamericana y empezó a enseñar en nuestra escuela. Los
once varones en mi clase éramos unos rufianes, y sólo días después de haber llegado, decidimos ponerlo a prueba. En un típico
día paraguayo, húmedo con unos 43° (110° F) de calor, propusi-
mos llevarlo a una caminata para ver de qué madera estaba he-

cho. Después de caminar por lo menos diez kilómetros a través de jungla, campo y pantano, finalmente dimos vuelta. Poco después de llegar a casa, sufrió un colapso causado por insolación.

Delf estuvo en cama por dos días, y nosotros habíamos logrado exactamente lo que queríamos: Habíamos demostrado que era un blandengue. Pero tuvimos una sorpresa. El día que volvió a la escuela, nos dijo: "Muchachos, vamos a hacer esa caminata otra vez." ¡Increíble! Recorrimos la misma ruta de antes y, en efecto, esta vez no se enfermó. Delf se ganó nuestros corazones y nuestra plena confianza, y de ahí en adelante estábamos dispuestos a hacer cualquier cosa por él. Pronto descubrimos que, lejos de ser un blandengue, era un competente atleta. Nos encantaba jugar al fútbol con él.

Muchos años más tarde, por mera casualidad, me enteré por qué Delf nos había dedicado tanta energía y afecto a los muchachos de la escuela: Él había perdido a un hijo. Los Fransham vivían en Georgia cuando nació Nicolás en abril de 1951. En 1952, poco después de la Navidad, el chico estaba jugando en frente de la casa, y salió corriendo hacia el camión mientras su papá daba marcha atrás. El camión estaba cargado de leña, y cuando Delf vio a su hijo, ya fue demasiado tarde.

Adentro de la casa, Katie estaba hablando con una vecina cuando Delf entró con su pequeño hijo, inerte, en sus brazos. Ella recuerda:

> Yo estaba fuera de mí, absolutamente frenética, y Delf trató de tranquilizarme. Llevamos a nuestro hijo al doctor en Clarkesville, que también era médico forense, y le explicamos lo que había pasado…Para mí nunca fue cuestión de perdonar a mi marido, pues sabía muy bien que la culpa era mía tanto como suya. Y él tampoco no me culpó a mí, sino que se culpó a si mismo. Estábamos juntos en el dolor y la tristeza.

Pero Delf no podía perdonarse a sí mismo; el accidente lo atormentó por muchos años. A partir de ese día, se desvivió por dedicar tiempo a otros niños, tiempo que ya no pudo pasar con el hijo que había matado. Mirando el pasado, recuerdo cuántas veces le brillaban los ojos con lágrimas; hoy pienso que él debe haber visto a su propio hijo, o lo que su hijo podría haber sido, en cada uno de nosotros. Su determinación de dedicarse de lleno a los demás era su forma de compensar por la tragedia que había causado sin querer. Estoy convencido de que esto lo salvó de seguir rumiando sus sentimientos de culpa, y finalmente le dio cierto sentido de paz.

JOHN PLUMMER, un pastor metodista a quien llegué a conocer hace poco, hoy día lleva una vida apacible en un pequeño pueblo del Estado de Virginia. Pero no siempre fue así. Como piloto de helicóptero durante la guerra de Vietnam, fue él quien organizó el ataque con napalm contra la aldea de Trang Bang en 1972, aquel bombardeo inmortalizado por la premiada fotografía de una de sus víctimas, Phan Thi Kim Phuc.

Durante los próximos veinticuatro años John vivió atormentado por esa fotografía, una imagen que para mucha gente capta la esencia misma de la guerra: una niña de nueve años, desnuda, quemada, llorando, con los brazos extendidos, corriendo hacia la cámara mientras columnas de humo negro oscurecen el cielo detrás de ella.

Durante veinticuatro años le atormentó su conciencia. Tenía gran deseo de encontrar a la niña, de decirle cuánto sentía lo ocurrido; pero no era posible. Para él, Vietnam era un capítulo cerrado, y nunca podría volver allá. Sus amigos trataron de apaciguarlo. Al fin y al cabo, ¿no había hecho él todo lo que estaba en su poder para cerciorarse de que no quedaban personas civiles en la aldea? Pero aun así no conseguía la paz interior que tanto ansiaba, de modo que se encerró en sí mismo, su matrimonio fracasó y empezó a beber.

En 1996, por una casualidad casi increíble, el Día de los Excombatientes, John llegó a conocer a Kim frente al *Vietnam Veterans' Memorial* (el monumento a los excombatientes en Vietnam). Kim había venido a la ciudad de Washington, D.C. para colocar una corona por la paz; John formaba parte de un grupo de pilotos que todavía buscaban liberarse del pasado. En un discurso pronunciado a la multitud, Kim dijo que no estaba amargada; aunque todavía sufría grandemente por sus quemaduras, otros habían sufrido más que ella: "Detrás de esa foto mía, miles de personas…murieron. Otros, que perdieron parte de su cuerpo, quedaron con la vida destruida, y nadie les sacó fotografías."

Kim agregó que ella perdonaba a los hombres que habían bombardeado su aldea y que, si bien no podía deshacer el pasado, ahora quería fomentar la paz. John no pudo contenerse; se abrió camino entre el gentío y logró atraer la atención de Kim antes de que una escolta policíaca se la llevara. Se identificó como el piloto responsable por el bombardeo de su aldea veinte años atrás, y pudieron hablar por dos breves minutos.

> Kim vio mi angustia, mi dolor, mi tristeza…Me tendió las manos y me dio un abrazo. Lo único que pude decir era: "Lo lamento. Lo lamento", una y otra vez. Y al mismo tiempo ella me decía: "Está bien, yo te perdono."

El mismo día un poco más tarde, John se encontró con Kim en el hotel; ella reafirmó su perdón, y los dos oraron juntos. Desde entonces han quedado buenos amigos, que se hablan regularmente por teléfono.

Y John, ¿halló la paz que buscaba? Él dice que sí. Aunque se perturba fácilmente cuando se habla de la guerra, siente que ha podido perdonarse y relegar lo sucedido al pasado.

John dice que para él fue importantísimo haberse encontrado cara a cara con Kim, y poder hablarle de sus angustias por el sufrimiento que había causado. Aun así, él sostiene que el perdón que ha recibido es un don; no es algo que se haya ganado, mucho menos merecido. Con todo, sigue siendo un misterio. Él todavía no comprende del todo cómo una conversación de dos minutos pudo borrar una pesadilla de veinticuatro años.

DIANE VINO a nuestra comunidad hace muchos años. Era una de esas personas que anhelan encontrar la paz y librarse de experiencias que las atormentan. Aunque había predominado la adversidad en su peregrinaje, encontró satisfacción en vivir por otros – sobre todo los enfermos, los ancianos y los moribundos.

Soltera, de 22 años, no me dio vergüenza estar encinta. Al fin y al cabo, era "mi" vida, y mis amistades no me juzgaban. Él era un amigo de muchos años. Después de una fiesta y de mucha bebida, en una noche estrellada de verano, nuestra amistad se había convertido en pasión en el patio de la casa de mis padres.

El padre de mi criatura me ayudó a salir de mis "dificultades". Me llevó a una clínica de abortos en Nueva York. Pagó la mitad del costo y nunca volvimos a hablar del asunto; había sido "nada más que una intervención". Pero ciertos detalles, como la botella transparente de succión, me atormentan todavía, casi treinta años más tarde.

Al único amigo que puso en duda la moralidad de lo que yo había hecho, le contesté con una frase descarada: "Dios no habría querido que yo trajera un niño a esta situación." Usé a Dios para justificar mis deseos…

Mis padres eran profesionales de la clase media adinerada, "buenos" cristianos, pero yo no compartía sus valores. Anhelaba tener relaciones libres y genuinas, deseaba la paz (¡Vietnam!), la honradez en toda la línea (¡Watergate!), y mi búsqueda me llevó a rebelarme contra la opulencia y la vida aburguesada de mis padres.

Yo andaba en búsqueda de la paz y del amor que prometía la vida *hippy*, las drogas, la bebida y el sexo. Buscaba una vida de igualdad en la que todos comparten todo. Vivía en una comuna en el campo, practicaba el yoga y comía arroz sin procesar y verduras, cuando un día oí una suave voz interna.

En una exposición de libros me encontré con dos personas humildes y amables que emanaban un espíritu totalmente desconocido. Venían del Bruderhof, y cuando dije a la ligera: "Quisiera comprar uno de sus libros, pero tengo un dólar no más", ellos gustosamente lo aceptaron. Ese dólar cambió mi vida. El libro no sólo me desafiaba en todos los aspectos de mi vida, sino que me dio respuestas positivas en mi búsqueda de libertad, paz y honestidad. Pronto me di cuenta de que todo lo que yo anhelaba se encontraba en el más radical de los revolucionarios – en Jesucristo. Yo no lo estaba buscando a él, pero él salía de cada página de aquel libro, y me llamaba.

Los que me habían vendido el libro no sólo lo creían, sino que lo vivían. Pertenecían a un grupo que trataba de llevar su mensaje a la práctica. Simplemente tuve que visitar esa comunidad.

Durante mi primera visita todavía fumé a escondidas mis cigarrillos de marihuana. Pero no me sentí amenazada. Le dije a un hermano que había otros caminos para encontrar a Dios. No se puso a discutir, pero hoy todavía puedo ver la expresión en su cara cuando dio testimonio de Jesús, quien es el Camino, y no una mera persona.

Más tarde abrí una Biblia. Al leer el Evangelio según San Mateo, descubrí que Jesús ama al alma enferma por el pecado. Me sentí como si alguien me sacara de una fosa oscura y apestosa y me ofrecía una alternativa: o vivir en la luz, o volver a la fosa.

Yo había tenido un encuentro cara a cara con Jesús. Yo era la mujer que vino al pozo, y él sabía todo lo que yo había hecho en mi vida. Sentí una culpa horrible; sin embargo, sabía que Jesús no me condenaba. Me amaba, aunque odiaba mi pecado. Y me purificaría de la sensación de culpa y confusión que me agitaba.

El libro que compré por un dólar hablaba de la comunidad como de una embajada donde mandan las leyes del reino de Dios, un lugar de donde se desterró el pecado y rige el reino de Dios. Pude comprobar esto en la realidad. Ningún otro lugar podría haber realizado el cambio interior y la sanación que yo necesitaba tan desesperadamente. En ningún otro lugar se me habría orientado una y otra vez hacia la cruz, en dirección opuesta a mi persona, a mi angustia. Todo esto me llevó a integrarme a la comunidad. Fue un alivio descubrir que no era cuestión de hacerse la santa, sino que se trataba de vivir una vida sencilla, práctica, accesible a todos, hombres y mujeres; una vida en la cual el pecado se encara, pero también se perdona de verdad.

A veces una nube de depresión todavía quiere envolverme, pero estoy rodeada de gente que me levanta y me ayuda a empezar de nuevo. Estos hermanos y hermanas están para ayudar a cualquiera, especialmente al que necesite amor, perdón y esperanza.

En el Evangelio según San Lucas, leemos que ama mucho quien mucho perdón ha recibido. ¡Cuántas veces uno se olvida del dolor y de la sanación por los cuales ha pasado, y cierra los ojos al sufrimiento de los demás! Que el perdón tiene que ser más que un gesto, lo demuestran las historias de Delf y Diane y, en cierto modo, todas las que figuran en este libro. Más aun, la actitud de perdonar debe convertirse en una forma de vivir.

DAVID, un excombatiente en Vietnam al igual que John Plummer, es un hombre callado y dulce, que ama a los niños y a los caballos. Sin embargo, en los cinco años que lo conozco me he enterado de que es un hombre atormentado por acontecimientos de hace más de veinte años.

Pienso mucho en la muerte. Las muertes que he causado y el deseo de mi propia muerte me acompañan día tras día. Me paso haciendo chistes con mis compañeros de trabajo; es algo que tengo que hacer para ocultar el dolor, y para huir de mis pensamientos…Necesito reírme. La risa aleja la tristeza.

Pero no puedo amar. Me falta parte del alma, y parece que nunca la voy a recuperar. No sé si jamás podré perdonarme a mí mismo por todo lo que he hecho. Vivo de un día para otro, pero todo el tiempo estoy cansado, muy cansado. ¿Algún día acabará? No veo cómo. Ya llevo más de veinticinco años así.

A personas como David a menudo se les recomienda una terapia formal, que se reúnan con otros que tuvieron experiencias parecidas, que participen en grupos de apoyo o que asistan a la terapia de grupo. David lo ha hecho todo; ha consultado a numerosos consejeros, y durante más de un año tomó parte en reuniones con otros excombatientes en Vietnam. Pero todavía no ha encontrado la paz.

No hay duda de que la terapia es importante, y con frecuencia ayuda. Pero a veces no logra ofrecer una solución duradera. Desde luego, un buen psicoterapeuta puede alentar a una persona a que descubra las cargas de su pasado. Pero ¿de qué vale confesarse si la conciencia no nos va a remorder, y si no reconocemos cuánta falta nos hace ser perdonados?

El escritor y psiquiatra de la Universidad de Harvard, Robert Coles, relata una conversación importante que tuvo con Anna Freud. Aunque Anna Freud no alcanzó la fama de su padre, fue psicoanalista de renombre por derecho propio. Y ella misma admitió que las personas atormentadas sienten una gran necesidad de recibir el perdón de Dios, algo que ni siquiera el mejor psiquiatra les puede brindar. Hablaban del largo y atribulado historial psicológico de una señora mayor, y repentinamente Anna Freud concluyó:

Sabes, antes de que nos despidamos de esta señora, deberíamos preguntarnos a nosotros mismos, no sólo qué pensar de su caso (eso lo hacemos de todos modos), sino más bien qué es lo que le deseamos a ella. Entiéndeme bien, no estoy hablando de la psicoterapia. De eso ha tenido bastante. Sospecho que harían falta más años de psicoanálisis de los que el Señor le dará de vida…

Te voy a confesar algo: Cuando yo estaba escuchando todo eso, pensé que en realidad esa pobre anciana no nos necesita para nada. Al contrario, está harta de nosotros, aunque no lo sepa…Lo que a ella le hace falta…es el perdón. Necesita hacer las paces con su alma, en lugar de hablar de su estado mental. En alguna parte debe haber un Dios que le ayude, que la escuche y la sane…pero temo que no lo encontrará. Y ten por seguro que nosotros no somos los que podemos ayudarle a que lo encuentre.

Este punto es vital. No podemos hallar el perdón a menos que encontremos a Dios. Al final, su perdón se encuentra sólo al pie la cruz. Esto debe estremecernos, y al mismo tiempo es nuestro consuelo. Fue precisamente para liberarnos de nuestros pecados que Jesucristo murió. Sólo él puede darnos un corazón nuevo, una vida nueva.

El camino de la cruz es un camino doloroso. Primero debemos desnudarnos mediante la confesión de nuestros pecados y sufrir la agonía del arrepentimiento, antes de poder regocijarnos en la libertad que nos trae. Pero esta libertad vale toda la pena. Trae la paz que, en las palabras de San Pablo, "sobrepasa a todo entendimiento". Y esta paz está al alcance de nosotros todos.

12 EL PERDÓN A TRAVÉS DE LA CONFESIÓN

En la confesion de pecados concretos, el viejo hombre muere una dolorosa y humillante muerte ante los ojos del hermano. Porque esta humillación es tan dura, tratamos continuamente de esquivarla. Sin embargo, es en este profundo dolor de alma y cuerpo que nos causa la humillación en presencia del hermano que experimentamos la cruz de Cristo como nuestro rescate y salvación. El viejo hombre muere, pero es Dios quien lo ha conquistado. Ahora compartimos la resurrección de Jesucristo y la vida eterna.

DIETRICH BONHOEFFER

YA HEMOS VISTO que es imposible perdonar a menos que hayamos reconocido nuestra propia necesidad de ser perdonados. En realidad, el mero reconocimiento no es suficiente; tenemos que admitir nuestras faltas a otra persona.

A pesar del claro consejo que nos da la Epístola de Santiago: "Confiesen sus pecados unos a otros", muchos cristianos hoy día dudan de que la confesión sea necesaria. Algunos la descartan como "cosa de católicos"; otros ponen el énfasis en la relación personal e individual con Dios, y sostienen que es suficiente decirle nuestros pecados a él. Pero este razonamiento no es válido, porque Dios ya conoce nuestros pecados. Otros admiten que la confesión bien puede ser beneficiosa, pero dicen que no hace falta para tener paz en el corazón. Sin embargo, a menudo la paz que tienen estas personas no es más que "la falta de vida en el alma", como dice Tolstoi.

El pecado obra en secreto; tan pronto se le pone al descubierto pierde su poder. Siempre es difícil exponer voluntariamente nuestros pecados, pero si nuestro arrepentimiento es sincero, estaremos contentos de humillarnos. Y cuando uno es realmente humilde, ya no se preocupa por la impresión que causa en otros.

Con frecuencia, el afán de ser considerado un "buen cristiano", una personalidad fuerte, una persona virtuosa y devota, le impide a uno confesar sus pecados. Se evita la confesión, tratando de borrar los pecados de la memoria, y cuando eso no funciona, sencillamente se los oculta a los demás. Pero esto sólo resulta en amontonar culpa sobre culpa; tarde o temprano, los pecados saldrán a la superficie.

Esto no quiere decir que debemos confesar por miedo. La Epístola a los Hebreos describe a Jesucristo como un "sumo sacerdote" que se compadece de nuestra debilidad, a quien podemos acudir con confianza. Cristo habla a Dios en nuestra defensa, y si confesamos nuestros pecados, él nos perdonará y nos "limpiará de toda iniquidad".

Sin embargo, debemos venir ante Dios con humildad, y nuestra confesión debe ser honesta y completa. C. S. Lewis dice que es "esencial usar palabras sencillas y ordinarias" cuando hablas de ti mismo, "tal como usarías si hablases de cualquier otra persona…usa palabras como robo, fornicación u odio, en vez de decir: 'Yo no tenía intención de mentir', o: 'En aquel entonces yo era un niño.'" Quien sólo hace una confesión mecánica, como una formalidad que se debe cumplir, no encontrará la libertad.

En muchas iglesias, la interpretación negativa de la confesión puede tener el efecto de desalentar y hasta silenciar a personas que desean traer sus pecados a la luz del día. Jane, una mujer de

Oregon que recientemente se integró a nuestra comunidad, escribe:

> Poco antes de casarnos, mi novio me llevó a la iglesia de su familia. Experimenté una especie de conversión y quería ser bautizada. Pero no se esperaba de mí que confesara mis pecados o que cambiara mi manera de vivir; bastaba que era "salvada", redimida. Por lo tanto nunca me sentí libre de mi pasado, por más desesperadamente que lo deseaba…En aquella iglesia no estaban dispuestos ni a aceptar la confesión ni a perdonar los pecados.

Bonhoeffer propone que el problema de esta clase de iglesias es su tendencia a dispensar "gracia barata".

> Se desechan los sacramentos, el perdón de los pecados, los consuelos de la religión…[y] se presenta la gracia como el inagotable tesoro de la iglesia, del cual ella derrama bendiciones…sin hacer preguntas o fijar límites…La gracia barata es la predicación del perdón sin exigir arrepentimiento, el bautismo sin la disciplina de la iglesia…la absolución sin la confesión. La gracia barata es la gracia sin el discipulado, la gracia sin la cruz…
>
> La gracia costosa es el tesoro escondido en un campo; por conseguirlo, un hombre gustosamente va y vende todo lo que tiene. Es la perla de gran precio…es el llamado de Jesús, ante el cual el discípulo abandona sus redes y lo sigue…Tal gracia es costosa porque nos llama a seguir, y es gracia porque nos llama a seguir a Jesucristo. Es cara porque le cuesta a un hombre su vida, y es gracia porque le da a un hombre la única vida verdadera. Es cara porque condena el pecado, y es gracia porque justifica al pecador. Por encima de todo, es cara porque le costó a Dios la vida de su Hijo: "Ustedes fueron comprados por un precio", y lo que le ha costado mucho a Dios no puede ser barato para nosotros.

La verdadera gracia, la "gracia costosa" o "cara" de Bonhoeffer, es la liberación que viene de habernos confesado y arrepentido de nuestros pecados. No se trata de algo complicado. San Pedro negó a Jesucristo tres veces, pero tan pronto reconoció su pecado, "salió afuera y lloró amargamente". Esto es arrepentimiento genuino, y sabemos que Cristo lo aceptó. Encomendó a San Pedro el mando de la iglesia primitiva.

El arrepentimiento nada tiene que ver con atormentarse a si mismo. Hay que deplorar sinceramente las faltas cometidas, pero en seguida hay que darles la espalda y mirar hacia Dios. El que se mira a si mismo solamente, puede estar seguro de perder la esperanza. Cuando las lágrimas del remordimiento están agotadas, hay que dejar que las aguas turbias del alma se despejen; de lo contrario nunca se podrá ver hasta el fondo.

La gracia que sigue al arrepentimiento es mucho más que un sentimiento, es una realidad. Los pecados son perdonados y olvidados, y nunca más serán ni recordados ni mencionados. De pronto, vale la pena vivir.

Steve, un viejo amigo mío que se crió en las afueras de Washington, D.C. en los '60, escribe:

> En mi búsqueda de paz e integridad, seguí varias religiones y estudié psicología, pero sólo encontré respuestas parciales…Una vez que vi lo pervertida que era mi vida, reconocí la urgencia de cambiar.
>
> La experiencia fundamental que cambió el rumbo de mi vida vino inesperadamente, un día en 1983, cuando por primera vez cobré plena conciencia de la avalancha de pecados que había cometido. Hasta ese momento, el orgullo y el deseo de sobresalir habían ocultado esta realidad. Pero ahora las imágenes y recuerdos fluyeron de mi ser como un torrente de inmundicia.
>
> Lo único que quería era ser libre, no tener nada oscuro o feo escondido en lo profundo de mi ser; quería enmendar, donde-

quiera que pudiese, los males que había hecho. No tenía excusa alguna – ni la juventud, ni las circunstancias, ni las malas compañías. Yo, y yo sólo, era responsable por mis actos.

Escribí página tras página, descargándolo todo, sin omitir detalles. Tan intenso fue el dolor que me sentí como si el ángel del arrepentimiento me estuviera despedazando el corazón con su espada. Escribí docenas de cartas a personas y organizaciones a quienes había defraudado, robado y mentido…Por fin me sentí verdaderamente libre.

En *Los Hermanos Karamazov,* Dostoievski describe en forma similar a un hombre que confiesa un asesinato que había ocultado por décadas: "Por primera vez después de muchos años, siento paz y alegría. El cielo está en mi corazón…Ahora me atrevo a amar a mis hijos y besarlos."

El verdadero arrepentimiento es contagioso; se transmite de una persona a otra, y tiene el poder de extenderse a través de toda una congregación, un pueblo o una región entera.

Entre los habitantes de Möttlingen (un pueblo en el Bosque Negro de Alemania), hubo un movimiento de esa índole en 1844, que les tornó las vidas al revés. En aquel entonces Möttlingen era un pueblo como los había muchos en Alemania. Tan era así que el pastor Johann Christoph Blumhardt, hoy día famoso, solía quejarse de la apatía espiritual que parecía cubrir a su parroquia como una manta, una neblina. Pero en la pared de una antigua casa se puede ver una placa que da testimonio de los sucesos extraordinarios que en aquel entonces sacudieron al pueblo entero. "¡Hombre, piensa en la eternidad, y no te mofes de la hora de gracia; el Día del Juicio está por venir!"

El "despertar", como se ha dado por llamar, comenzó en 1843, en vísperas del año nuevo, cuando un joven notorio por sus juergas y mal genio se presentó a la puerta de la rectoría, implorando que se le permitiera hablar con el pastor. Le dejaron entrar. Le dijo a Blumhardt que llevaba una semana sin poder dormir y que temía morirse si no podía descargar su conciencia. Blumhardt escribe:

> No hubiera pensado que ese hombre vendría a verme, y estuve algo reservado y cauteloso. Le dije sin rodeos que no le tenía confianza, y que no se la tendría hasta que lo escuchara confesar por lo menos algunos de sus pecados para demostrar su sinceridad. Pero no pude permitir que ese hombre tan extrañamente angustiado se fuera sin orar con él.

Así comenzó un despertar que excedió todas las expectativas de Blumhardt. Al 27 de enero de 1844, dieciséis personas habían venido a la rectoría para descargarse el corazón. Tres días más tarde, el número de los que vinieron a confesarse llegó a treinta y cinco; diez días después, había más de ciento cincuenta. Hombres y mujeres de toda la región vinieron a Möttlingen.

No hubo nada de la exaltación que a menudo caracteriza a los movimientos de evangelización, nada de exageradas declaraciones de pecados cometidos ni confesiones públicas de arrepentimiento. El despertar era demasiado serio; estaba arraigado profundamente en la realidad. La gente sentía una compulsión interior de acabar con el pecado. Sus corazones habían sido traspasados, y de repente se veían a si mismos en toda su maldad. Horrorizados, sentían que sencillamente tenían que romper con sus viejos hábitos.

Lo más significativo es que ese movimiento fue más allá de palabras y emociones. El arrepentimiento rindió frutos concretos. Se devolvieron efectos robados, se reconciliaron enemigos, se confesaron infidelidades y crímenes (incluso un caso de infanticidio), y se restauraron matrimonios deshechos. Ya no hubo borrachos en las tabernas. Y la rehabilitación no se limitaba a los adultos. Hasta los adolescentes rebeldes respetaron y obedecieron a sus padres, y los niños reacios a cantar participaron en el coro escolar.

El que tiene dudas respecto a la autenticidad del despertar en Möttlingen sólo ha de mirar los resultados para convencerse de que no es una ficción. Aunque fue ridiculizado por alguna gente en los alrededores, afectó a casi todo el pueblo. Todos, convertidos o no, se sintieron culpables, y todos se regocijaron en el perdón que acababan de encontrar.

En los últimos treinta años estuve varias veces en Möttlingen, visitando a las nietas de Johann Christoph Blumhardt. Hasta el día de hoy se siente algo del mismo espíritu que antaño hizo que toda una aldea cambiara de dirección

¿Fue un episodio aislado el despertar de Möttlingen? ¿Puede volver a suceder? Blumhardt tenía la fe de que sí. Al fin y al cabo, comenzó con la confesión de un solo hombre arrepentido. Si de veras fue un fruto del mismo Espíritu que descendió en Pentecostés hace dos mil años, entonces debemos creer que nos puede ser dado a nosotros también:

> El espíritu vendrá como un torrente, ¡aguardémoslo con confianza!…Cuando el Espíritu Santo fue derramado por primera vez, tuvimos prueba de que Dios cumple su palabra. Y hoy nos hace falta de nuevo. Somos un pueblo deshidratado, casi nos estamos muriendo de sed, y la gente se está destrozando tanto por dentro como por fuera. Pero ahora que nos hace tanta falta, Dios nos lo volverá a dar.

13 EL PERDÓN Y LA COMUNIDAD

La verdad sin amor mata, pero el amor sin la verdad miente.

EBERHARD ARNOLD

No sabremos perdonar de verdad hasta que sepamos lo que significa ser perdonado. Por lo tanto, alegrémonos de recibir el perdón de nuestros hermanos. Es el perdón mutuo que manifiesta el amor de Jesucristo en nuestra vida, porque al perdonar obramos los unos para con los otros tal como él ha obrado para con nosotros.

THOMAS MERTON

L A CONFESIÓN es un gran don, pero a veces hace falta algo más. Es parte del evangelio que el cuerpo de los creyentes debe mantenerse puro, santo y "sin mancha". Jesús le dio gran importancia a esto. Fue lo primero de que habló con sus discípulos después de su resurrección, cuando les dio la autoridad para "atar y desatar," para excluir y volver a aceptar, para corregir y luego perdonar.

El perdón personal es una cosa; cuando la iglesia pronuncia el perdón de los pecados, es otra cosa muy diferente. ¿Siquiera es necesario lo segundo? Muchas personas hoy día refutan la necesidad de la disciplina eclesiástica. Pero si los creyentes, que se consideran unidos en un solo cuerpo, no encaran al pecado – si el arrepentimiento se considera asunto puramente personal – ¿pueden realmente merecer el perdón? Y si la iglesia carece del poder de exhortarlos al arrepentimiento y, a través del mismo, a la restauración de los miembros caídos, ¿qué autoridad verdadera le queda?

En muchos casos, una ofensa puede enmendarse con una simple disculpa; por ejemplo, cuando hemos sido bruscos o impacientes con alguien, o de alguna otra forma hemos carecido de caridad. En otros casos es suficiente rogar a Dios que nos perdone. Por otra parte, la experiencia me ha enseñado que para lograr la liberación total, los pecados cometidos intencionalmente, como ser engañar o robar, deben confesarse a una persona especialmente designada por la iglesia.

Es imprescindible que la confesión sea totalmente confidencial. En mi calidad de pastor, prometo a los que se confiesan conmigo que me llevaré sus secretos a la tumba. Con todo, hay ciertos casos que requieren algo más que una confesión privada. En el caso de adulterio, por ejemplo, la congregación tiene que informarse del asunto, por lo menos en términos generales, si ha de administrarse la disciplina y rescatar al miembro culpable.

En otros casos de gravedad también puede que se informe a los miembros de la iglesia, o al menos a un pequeño grupo de hermanos y hermanas de confianza. El Nuevo Testamento habla de la iglesia como de un organismo. Con tal analogía en mente, es inconcebible que el daño sufrido por una de sus partes pase desapercibido por los demás; las defensas del cuerpo entero son activadas. Así también, en una iglesia unida, el pecado de una sola persona afecta a cada uno de sus miembros.

Según Stanley Hauerwas: "Los miembros de una comunidad no pueden ni deben hacer caso omiso de los pecados que se cometen; saben que los pecados constituyen una amenaza a su existencia como comunidad de paz." Cada uno ya no considera su vida como suya solamente ni guarda sus resentimientos como cosa meramente personal. "Si pienso que una hermana o un hermano me ha ofendido, esa afrenta no sólo se dirige contra mi persona sino contra toda la comunidad."

En su mayoría, las iglesias hoy día temen imponer la disciplina, de modo que, desgraciadamente, los miembros que tropiezan y se caen tienen poca oportunidad de arrepentirse, mucho menos de comenzar de nuevo. Mark y Debbie, que vinieron del oeste de los Estados Unidos, lo experimentaron de primera mano en el grupo al cual pertenecieron antes de venir al Bruderhof:

> Con los años vimos los desastrosos efectos de no hacer caso al pecado o de esconderlo. Formábamos parte de un grupo de personas que vivían en una pequeña comunidad urbana. Entre ellas estaba un hombre soltero que se había enamorado de una mujer casada; algunos queríamos tratar de resolver el asunto, hablando con cada uno de ellos por separado. Pero realmente no había forma de sacar nada a la luz. No había entre nosotros ningún acuerdo mutuo para exponer el pecado y librarnos de él, de modo que no era posible obtener claridad o llegar a un desenlace positivo.
>
> Con la excusa de que la "disciplina eclesiástica" era demasiado fundamentalista, legalista y condenatoria, optamos por la mentira de que su pecado no era tan grave, por lo menos no tanto como para sacarlo a la luz del día. ¿No éramos todos pecadores? ¿Quiénes éramos nosotros para juzgar? De todos modos, razonamos que lo que más falta hace es que cada uno se sienta aceptado y tenga "espacio para errar". Teníamos la noción errónea que la confrontación, además de intensificar la mortificación causada por la vergüenza personal y por la auto-recriminación, crea un círculo vicioso de fracasos. Por eso la evitamos como una plaga. Ahora sabemos que nuestra tan alabada compasión sólo perpetuaba el problema.
>
> Trágicamente, el hombre finalmente se fue. Dos años más tarde, la mujer también se fue de la comunidad y se divorció de su esposo.

Sin duda, lo que les pasó a Mark y Debbie no es la excepción. Lo ha dicho Phillip Yancey: Más y más se considera a la iglesia como enemiga de pecadores, por la sencilla razón de que muchas congregaciones tratan de resolver el problema del pecado dándole una nueva definición, y cambian de posición una y otra vez para que los "buenos" se queden y los "malos" se vayan.

Desde luego, yo no puedo aconsejarles a otros si deben imponer la disciplina eclesiástica, mucho menos cómo deben hacerlo. Aunque la iglesia mencionada más arriba era incapaz de combatir el mal en su seno, otras pecan por exceso de celo. Por ejemplo, algunas sectas practican el aislamiento para separar al "justo" del "pecador", pero ponen el énfasis en el castigo en vez de la esperanza, y los resultados son catastróficos. Otras iglesias rechazan la práctica del aislamiento, pero botan el grano con la paja, por así decir, y acaban por no imponer disciplina alguna. En efecto, parece que a muchas iglesias hoy día les importa poco o nada el efecto que tiene el pecado en la vida de sus miembros.

En las comunidades del Bruderhof no practicamos el aislamiento; la forma más común de disciplina es un voto de guardar silencio y ausentarse de la oración comunal por un tiempo limitado. Las diferentes iglesias y congregaciones varían en su estructura, en el grado de dedicación, así como en su entendimiento de la responsabilidad mutua que tienen unos con otros. No todos encontrarán una iglesia que haya abrazado este aspecto del arrepentimiento; y aunque la encuentren, bien pueden haber sido intimidados o amargados por alguna experiencia previa. Aun así, la verdad es que en una iglesia unida, cuyos miembros están comprometidos unos con otros y rinden cuentas unos a otros, la disciplina es un gran don. Al extirpar el pecado de raíz, se aclara la situación más embrollada; y al restaurar a los que se han caído, se limpia y vigoriza la comunidad, purificando a sus miembros y renovando su fe y su alegría.

Hay, a mi parecer, algunos aspectos básicos de la disciplina eclesiástica que deben tenerse en cuenta si ha de ser eficaz. Primero, tiene que ser voluntaria; de lo contrario sólo hará daño a la persona que necesita ayuda por medio de la disciplina. Segundo, tiene que ejercerse con amor, sensibilidad y respeto, sin exceso de celo, sin juzgar; y jamás debe dar lugar a chismes. Los demás miembros, lejos de estimarse mejores que el miembro disciplinado, deben arrepentirse juntos con él (o ella) y reconocer dónde el propio pecado puede haber sido causa del tropiezo. Nuestra meta nunca deber ser el castigo sino la restauración.

Por último, disciplina debe ahijar perdón absoluto. Una vez que el miembro haya demostrado que está verdaderamente arrepentido, debe ser aceptado de nuevo y con alegría; lo que motivó que se le disciplinara jamás debe volver a mencionarse.

En su novela *Too Late the Phalarope*, Alan Paton narra la historia de un afrikaner muy respetado a quien se le descubre en el adulterio. Lo abandonan los amigos; su familia, que ha quedado devastada, lo rechaza. Empero un vecino piensa, angustiado: "Se puede castigar al malhechor…pero castigar sin restaurar, he ahí la mayor ofensa…Si un hombre se adjudica el derecho divino de castigar, entonces debe asumir la promesa divina de restaurar."

Hay pocas satisfacciones tan grandes como la de recibir de vuelta en el seno de la comunidad a un hermano que estuvo bajo disciplina eclesiástica. Es algo que en nuestras comunidades hemos podido comprobar una y otra vez en el curso de las décadas. Las historias que siguen son ejemplos elocuentes.

Cuando mi suegro Hans regresó al Bruderhof después de once años de ausencia, no podía simplemente volver a unirse a nosotros; primero, tenía varios asuntos que arreglar. Poco después que fue aceptado de nuevo en la comunidad en 1970, escribió lo siguiente:

En la primera reunión me quedé mudo de asombro…Yo estaba preparado a que la asamblea entera se me cayera encima; nada de eso ocurrió. Me dieron amplia oportunidad para hacer mis preguntas y explicar mis reparos, y todos me hablaron muy francamente. Pero lo que me ablandó el corazón no fue solamente su franqueza sino más bien el amor que comparte la responsabilidad, un amor dispuesto a perdonar porque sabe lo que es ser perdonado.

No se trataba de una contienda entre personas, sino de una lucha contra el mal que nos separaba. En suma, estábamos todos en la misma situación. No se disimularon los problemas con sensiblería; los hechos, aún los más dolorosos, pudieron reconocerse a la luz del amor.

La humildad prepara el camino a la reconciliación. Sin humildad, nos quedamos estancados en nuestro orgullo, y se torna imposible perdonar. El amor de la iglesia le conmovió el corazón a Hans, pero lo que finalmente acabó con su obstinación fue la humildad de sus hermanos y hermanas y el hecho de que a su vez le pidieron perdón por haberle fallado.

Ahí está Sara, que también forma parte de nuestra comunidad y describe la alegría y la liberación que sintió una vez resuelta a hacer borrón y cuenta nueva.

Sentí en lo más profundo del alma que necesitaba poner mi vida entera bajo la luz del juicio divino. Apenas dormía de noche; algo me estaba martillando en la cabeza. ¡Tenía que arrepentirme! Fui a ver al pastor y a su esposa y se lo dije todo. Esto fue de inmensa ayuda, aunque fue repugnante lo que tuve que confesar. En el curso de los días, me acordé de otras cosas, y no pude esperar; me fui corriendo a decírselas. Cuando uno se arrepiente, aún la cosa más pequeña deja de ser insignificante. Tenía que librarme inmediatamente de cada cosa que me viniera a la mente. Simplemente no podía esperar.

Nunca pensé que podría haber tanta alegría en el arrepentimiento y en la confesión. Mi corazón se alivió más y más. Y en vez de evitarme, los hermanos y hermanas se preocupaban por mí y más que nunca me rodearon con su amor.

Todos conocemos aquellos momentos en el curso de la vida, momentos en que el peso agobiador de nuestra culpa nos compele a cambiar. Jesucristo está a la puerta y nos llama; es la hora de gracia: "He aquí, yo estoy a la puerta y llamo; si alguno oye mi voz y abre la puerta, entraré a él, y cenaré con él y él conmigo" (Apocalipsis 3.20). Jesús nos da esta oportunidad para que podamos nacer de nuevo y conocer la libertad que él quiere darnos. Puede que él venga una segunda vez y tal vez una tercera; pero puede que no, y nos toca a nosotros decidir si le abrimos la puerta. Podemos rechazar el don de la vida que él nos ofrece, o podemos aceptarlo con gratitud y alegría.

Por último, Clara, que hace ya algunos años vino a quedarse con nosotros, escribe:

> Cuando primero llegué, miré con añoranza las caras felices de los que me rodeaban, porque añoraba lo que ellos tenían. Pero yo, ducha y educada, desconfiaba demasiado como para ser ingenua como un niño. A las pocas semanas descubrí de nuevo la euforia y recuperé el espíritu que había perdido años atrás a causa de mi pecado.
>
> La importancia de la confesión, de tener relaciones sinceras, honestas y francas, de poder servir y dar de sí, éstas son cosas para las cuales el mundo no tiene tiempo. Pero a mí me han devuelto la alegría, y nadie puede cantar que no tiene alegría. Sin alegría la vida se convierte en rutina, en una máquina cuyo embrague no engrana.

Una iglesia que practica la verdadera disciplina no es un lugar triste u opresivo. Lejos de vivir temerosos, sus miembros viven con alegría y esperanza.

14 "YO HAGO NUEVAS TODAS LAS COSAS"

Y el que estaba sentado en el trono dijo: "He aquí, yo hago nuevas todas las cosas."

APOCALIPSIS 21:5

Una penumbra ha descendido sobre la cristiandad en lo que atañe ese asunto de la renovación. Nos contentamos tan fácilmente, nos satisfacemos tan rápidamente con una religiosidad que nos hace parecer un poco más decentes. Sin embargo, esto no puede ser el contenido total de nuestra fe. Todo ha de renovarse, todo, no sólo una pequeña muestra de algo nuevo, sino todas las cosas deben renovarse.

CHRISTOPH FRIEDRICH BLUMHARDT

EL PERDÓN ES PODEROSO. Rompe la maldición del pecado, nos libera del pasado y vence todo mal. Podría cambiar el mundo, si sólo permitiéramos que fluyera a través de nosotros sin obstáculo. Pero, ¡cuántas veces lo impedimos porque no nos atrevemos a desencadenar su fuerza!

Las llaves del perdón están en nuestras manos, y cada día nos toca elegir si las usamos o no. Podemos cerrarnos a la majestad de Dios, o podemos abrirnos a él y permitir que obre en nosotros y a través de nosotros. Con demasiada frecuencia no creemos que él puede obrar en aquellos a quienes juzgamos no ser dignos porque a nuestro parecer han pecado más de la cuenta. Estamos muy dispuestos a aceptar la misericordia de Dios para con nosotros mismos, pero la denegamos a otros, y dudamos que Dios pueda cambiarlos de verdad.

Me reuní dos veces el año pasado con un preso que está confinado al pabellón de la muerte en Connecticut. Michael tiene treinta y siete años de edad. Estudió en la Universidad de Cornell. También es un asesino. Ha violado y matado a muchas mujeres. Nadie puede negar el horror de sus crímenes. Nadie tiene el derecho de hablar en nombre de las familias de sus víctimas; esto significaría desdeñar y desvirtuar el inmenso dolor que sufren. Pero tampoco debemos desconocer el anhelo que Michael tiene de ser perdonado y de poder sanar.

> Tengo una profunda sensación de culpabilidad; es una culpa intensa, arrolladora y penetrante, que envuelve mi alma con una niebla oscura y atormentadora de autodesprecio, remordimiento y dolor…Lo que más deseo es la reconciliación – con el espíritu de mis víctimas, con sus familias y amigos y, finalmente, conmigo mismo y con Dios.

Jesucristo murió por todos, sin excepción. Y quiere que vengamos a él, no como gente buena, sino como pecadores que somos: "Yo no vine por los justos…"

¿Podemos darle la espalda a semejante hombre? Cristo no nos dio la espalda a nosotros; tampoco podemos nosotros negarle la paz a Michael, ni sencillamente abandonarlo a morir. El amor de Jesús es tan grande que nos tiende la mano aun antes de que nos acerquemos a él. Al igual que el padre en la parábola del hijo pródigo, viene corriendo a nuestro encuentro cuando todavía estamos lejos; nos abraza antes de que hayamos confesado nuestras faltas o tan siquiera declarado nuestra intención de cambiar. Su corazón desborda de amor y del anhelo por reconciliación.

Este mismo amor era evidente cuando le trajeron una mujer sorprendida en adulterio. Aun antes de decirle nada, despachó a los que querían ejecutarla a pedradas. Le perdonó y confió en que no pecará más. Perdonó al criminal que habían crucificado a su lado. Por la fe que éste demostró, le dijo: "Hoy estarás conmigo en el paraíso." Hay pocos que tienen tal fe. Pero es precisamente este salto de fe que hace falta, si se quiere conocer el poder del perdón y dejar que Dios intervenga. Su amor está por encima de nuestro amor; su juicio, contrario al nuestro, es puro e inviolable.

Dice San Agustín que no debemos vernos unos a otros como somos ahora, sino como seremos en el futuro, cuando el Espíritu nos llene por completo y nos prepare para que Dios pueda usarnos en su reino. Esta es la verdadera fe: creer que para Dios todo es posible, que en Jesucristo nos convertimos en una "nueva criatura" (2 Corintios 5.17).

Al comienzo de este libro escribí acerca de un hombre que asesinó a una niña de siete años, y pregunté: A semejante hombre ¿se le puede perdonar? Un cambio extraordinario se ha operado en él en los meses que lo he conocido. Al principio estaba insensible e indiferente, y veía su crimen como el resultado, si bien horrible, de los males de la sociedad. Ahora comienza a aceptar plena responsabilidad por sus acciones. Ha empezado a sufrir por su propia necesidad de arrepentirse, y a llorar ya no por sí mismo sino por los demás.

¿Se puede perdonar a semejante hombre? Si de verdad creemos en el poder del perdón, estaremos seguros de que sí. No se trata de condonar su crimen, pero tampoco le negaremos la gracia de Dios, y no dudaremos de que también él puede arrepentirse y cambiar. Por cierto, el mundo entero cambiaría si tuviésemos esta fe.

En el primer siglo después de la muerte de Jesús, el filósofo pagano Porfirio no podía creer que una persona cubierta de culpa y maldad pudiera purificarse en un solo lavado; que fornicadores, adúlteros, borrachines, ladrones y pederastas simplemente pudieran bautizarse, invocar el nombre de Cristo, y despojarse de su enorme culpa tan fácilmente como una serpiente muda su piel.

Si eso pudo ocurrir hace dos mil años, ¿por qué no puede suceder hoy? Y si la iglesia pudo ver cambios tan milagrosos en aquel entonces, ¿por qué no podemos experimentarlos ahora? Si nos negamos a creer que el hombre puede ser totalmente transformado por Jesús, entonces no aceptamos la buena nueva, el Evangelio, ni creemos que los ciegos recibieron la vista, los cojos caminaron, y los muertos volvieron a la vida. Tal vez sea ésta la razón por qué las iglesias de hoy día son tan endebles, carentes de poder y poco convincentes. Sencillamente no confiamos en el poder de Dios. Jesús nos dice que si creemos de veras, nuestras obras serán mayores que las suyas. Él nos promete que cuando nos amamos y nos perdonamos los unos a los otros, los demonios serán expulsados y el reino de Dios estará entre nosotros (S. Mateo 12.28).

La transformación del carácter que presenciaron los primeros cristianos, no hubiera sido posible sin una fe vigorosa. Estaban convencidos de que la iglesia podía perdonar todo pecado, y creían que el Espíritu Santo los había investido con poder para vencer incluso lo más difícil, lo más problemático, hasta lo imposible. Para ellos el perdón era mucho más que un mero asunto personal entre individuos. Era una victoria para el reino de Dios.

Para nosotros también, el perdón debe tener un significado trascendental y eterno; debemos confiar en que puede servir para la redención de los pueblos y de las naciones, y que esto puede suceder en esta vida, en esta tierra.

EPÍLOGO:

UNA VEZ FINALIZADO *el manuscrito de este libro, envié copias a varios amigos en todas partes del país, entre ellos a Mumia Abu-Jamal, aclamado escritor afro-americano que se encuentra en el pabellón de los condenados a la muerte en Pennsylvania. En ocasión de varias visitas que hice a Mumia, le había pedido su opinión acerca de mis libros. Incluyo aquí la más reciente respuesta de Mumia. Es significativa porque su contexto y su perspectiva son muy diferentes de lo que eran los míos al escribir este libro. Si a algunos lectores les parece demasiado severa, me permito recordarles que Mumia no es cristiano, y que sus palabras son templadas por el gran sufrimiento que ha aguantado. Mumia se ha pasado los últimos 18 años en el corredor de la muerte, sentenciado por un asesinato que yo, al igual que miles de otras personas en el mundo entero, creo que no cometió. Incluyo su respuesta en la esperanza de que servirá al lector de mente abierta como estímulo para una reflexión más profunda sobre el mensaje que este libro quiere traer.*

129

H E ESTADO PENSANDO en *Setenta veces siete* desde que terminé de leer el manuscrito hace una semana, tratando de encontrar palabras que expresen mis íntimos sentimientos. Lo que sigue son algunas de esas palabras.

Tengo que admitir que este libro me ha perturbado. Las historias parecen brillar en el plano personal, pero fracasan en el plano político. El libro pasa por alto el desequilibrio esencial que existe entre lo personal y lo político, y por lo tanto parece más bien un lujo espiritual para la gente rica y poderosa. Permítanme darles un ejemplo: la historia de la niña vietnamita y el piloto americano que la bombardeó con napalm. Es conmovedora, por no decir más. Pero si el piloto que echó el napalm es culpable, ¿qué del Secretario de Defensa que pidió la asignación de fondos para la bomba, del miembro del Congreso que la aprobó, de los obreros que la fabricaron; del químico que la diseñó...del Presidente y Comandante en Jefe que reclutó al pobre Juan Lanas de dieciocho años y declaró la guerra a una nación que luchaba por liberarse de la dominación francesa y americana?

Ellos quedan fuera de la discusión y, por lo tanto, ni su culpabilidad ni su perdón están en tela de juicio. Ellos son el poder establecido. Forman parte de un gobierno que envió unos 600.000 hombres y mujeres a una guerra desatinada en Vietnam y que podría hacer lo mismo mañana si así quisiera. Este poder queda sin mencionar; por lo tanto hay un perdón implícito ya que ni siquiera se dice que son culpables...

En mi mente no cabe imaginarme jamás pedir a los oprimidos, ya sean judíos, indios americanos o cualquier otro pueblo perseguido a través de la historia, que perdonen a sus opresores. ¿Quién se atrevería?

Te oigo contestar: "¡Jesucristo!" Pero cuando miro a los judíos, veo que eran precisamente los seguidores de Jesús, los supuestos "cristianos", que fueron sus enemigos más encarnizados, que los acorralaron en los guetos de Europa; y cuando se llenaron los guetos, los metieron en los hornos de Auschwitz...mientras millones de cristianos se quedaron callados. En cuanto a los indios americanos...esta nación los llevó al borde del exterminio y los apiñó en las peores tierras, las notorias "reservas"...

Para gente que vive en lo que es casi un paraíso, que tiene que comer, tiene fincas, tierra, buenas casas, negocios etc., es muy fácil predicar el perdón. Pero ¿es justo decirle eso a los que viven en pequeños infiernos, sin trabajo, amenazados de morir de hambre, a los que Frantz Fanon llamó "los condenados de la tierra"? ¿Han de perdonar ellos a los millones de gordos bien alimentados que votaron para que aquéllos pasen hambre; a los que votaron por la guerra; a los que votaron por su permanente represión? Aquellos que desean en lo más íntimo de su alma no haber nacido, ¿deben perdonarlos por la represión que está por venir, por el genocidio que vendrá?

"Señor, perdónalos por lo que hacen, aunque ellos y sus antepasados lo han estado haciendo por quinientos años…" ¿Puede tu corazón abrigar tal oración?

Ésta es la razón por la cual el mío respondió al llamado a la acción política – para cambiar las realidades infernales, para tratar de transformar este mundo que es un infierno para billones de sus habitantes. ¡Cambiemos estas condiciones, y entonces tal vez nazca el perdón!

M.A.J.

ACERCA DEL AUTOR

JOHANN CHRISTOPH ARNOLD es anciano mayor del Bruderhof (aproximadamente 2500 miembros que viven en nueve comunidades en los Estados Unidos, Inglaterra y Australia). Sirve como consejero espiritual a centenares de matrimonios, a adolescentes, a prisioneros y a los que sufren física o espiritualmente. Es editor gerente de *The Plough Publishing House* y autor prolífico. Viaja extensamente en nombre del movimiento y da conferencias y entrevistas en la radio y televisión así como en universidades y seminarios. Johann Christoph Arnold nació el 14 de noviembre de 1940, el tercer hijo de Johann Heinrich y Anna Marie Arnold. Se casó con Verena Donata Meier en Mayo de 1966 y tienen ocho hijos y diecinueve nietos.

ACERCA DEL TRADUCTOR

JUAN SEGARRA PALMER es prisionero político puertorriqueño, actualmente encarcelado en Coleman (Florida), donde trabaja en la oficina del capellán y sirve de traductor en la iglesia. Nació el 6 de marzo de 1950 en Santurce, Puerto Rico, hijo mayor de Enrique Segarra Jr. y Noemí Palmer. Vino a los Estados Unidos a estudiar en 1964 y se graduó de la Universidad de Harvard en 1972 con un BA en ciencias políticas. Está casado con Lucy Berríos. Juan y Lucy son padres de cuatro hijos.

EL BRUDERHOF

EL BRUDERHOF es un movimiento cristiano internacional, dedicado a una vida en comunidad, sencilla y no violenta. *(Bruderhof* significa "lugar donde viven hermanos".) Semejante a los primeros cristianos y a otros movimientos religiosos que han existido en el correr de la historia, los miembros del Bruderhof renuncian a la propiedad privada a favor de la propiedad comunal; ponen a disposición de la comunidad no sólo sus bienes materiales sino todos sus talentos, su tiempo y sus esfuerzos. Todos los integrantes trabajan sin remuneración, empeñándose en mantener relaciones fraternales con cada uno de sus compañeros y compañeras. Su dedicación se inspira en el profundo anhelo de servir y amar al prójimo, y en obediencia a las enseñanzas de Jesucristo.

Fundado en Alemania en el año 1920 por el teólogo Eberhard Arnold, el Bruderhof está arraigado en los movimientos del Anabaptismo y la Reforma Radical europea del siglo XVI. Fue expulsado de Alemania por los nazis en 1937, y sus miembros hallaron refugio en Inglaterra. Al estallar la Segunda Guerra Mundial emigraron al Paraguay y de allí a los Estados Unidos. Hoy existen seis comunidades en los Estados Unidos, dos en Inglaterra y, últimamente, una en Australia. En total abarcan aproximadamente 2.500 hombres, mujeres y niños. Además se formó en Bolivia un pequeño grupo comunitario llamado "Amigos del Bruderhof".

El Bruderhof participa en muchas actividades de servicio social voluntario, misión en las prisiones, y asistencia para personas desamparadas. Porque la vida es sagrada, se opone enérgicamente a la pena de muerte y fomenta la justicia, la paz y la reconciliación tanto al nivel político como en la vida personal, especialmente en lo que atañe a las relaciones entre las razas y al diálogo interreligioso.

Mediante la misión que lleva a cabo, el Bruderhof quiere unirse a otras personas dedicadas a la lucha por una sociedad justa y pacífica. Las puertas del Bruderhof están abiertas a todos los que buscan una forma de vida sencilla de servicio al prójimo.

THE PLOUGH PUBLISHING HOUSE es la casa editora del Bruderhof, administrada por miembros de la comunidad. Publica y vende libros que tratan de un cristianismo radical, de la vida en comunidad, del matrimonio, de padres e hijos, de la justicia social y de la vida espiritual. También publica una pequeña revista, *The Plough* (El arado), que contiene artículos sobre problemas de actualidad que los medios de difusión tienden a pasar por alto, sobre cuestiones de transformación personal y social. Pídanos una muestra gratis.

Si le interesa obtener más información acerca del Bruderhof, o si desea concertar una visita, escriba o llame al:

Woodcrest Bruderhof
Rifton, New York 12471
Teléfono: 914/658-8351

Maple Ridge Bruderhof
Ulster Park, New York 12487
Teléfono: 914/339-6680

Catskill Bruderhof
Elka Park, New York 12427
Teléfono: 518/589-5103

Darvell Bruderhof
Robertsbridge, East Sussex
TN32 5DR
Inglaterra
Teléfono: +44 (0) 1580-88-33-00